数学课堂
教学反思

吴晓红◎主编

华东师范大学出版社
·上海·

图书在版编目(CIP)数据

数学课堂教学反思/吴晓红主编. —上海:华东师范大学
出版社,2014.9
ISBN 978 - 7 - 5675 - 2580 - 1

Ⅰ.①数… Ⅱ.①吴… Ⅲ.①数学课－教学研究－中小
学 Ⅳ.①G633.602

中国版本图书馆 CIP 数据核字(2014)第 219949 号

数学课堂教学反思

主　　编　吴晓红
责任编辑　吴海红
审读编辑　石　岩
责任校对　邱红穗
装帧设计　卢晓红

出版发行　华东师范大学出版社
社　　址　上海市中山北路 3663 号　邮编 200062
网　　址　www.ecnupress.com.cn
电　　话　021－60821666　行政传真 021－62572105
客服电话　021－62865537　门市(邮购)电话 021－62869887
地　　址　上海市中山北路 3663 号华东师范大学校内先锋路口
网　　店　http://hdsdcbs.tmall.com

印 刷 者　浙江省临安市曙光印务有限公司
开　　本　787 毫米×1092 毫米　1/16
印　　张　14.75
字　　数　203 千字
版　　次　2014 年 11 月第 1 版
印　　次　2023 年 7 月第 5 次
书　　号　ISBN 978-7-5675-2580-1
定　　价　36.00 元

出 版 人　王　焰

(如发现本版图书有印订质量问题,请寄回本社客服中心调换或电话 021－62865537 联系)

目录

● **第七章**
数学章节起始课教学的反思与重构　149

● **第八章**
数学实验课教学的反思与重构　165

第九章
数学评课的反思与重构 207

第一章

聚焦数学课堂教学的反思与重建

新一轮数学课程改革自 2001 年义务教育数学课程标准颁布以来,至今已进行了 10 多年。随着数学课程改革的不断推进,迫切需要对改革过程中的若干理论和现实问题进行理性反思;随着对数学课程改革认识的不断深化,反思也需要从理论层面走向实践层面。不仅要研究应然的数学教学,也要关注实然的教学状态,在理性反思的基础上重构数学教学成为推进数学课程改革的关键。课程改革的核心环节是课程实施,而课堂教学又是课程实施的重要途径,因此,对数学课堂教学的反思与重建也就成为人们关注的热点课题。

本章拟从数学课堂教学的现实以及数学教育研究的现状出发,探讨为何反思? 如何理性重建? 为其后开展数学课堂教学的反思与重建奠定基础。

1.1　反思与重建:实施数学课程改革的关键词

1.1.1　来自一线数学课堂的思考

聚焦课堂是当前世界数学教育界关注的焦点之一,国际著名的 TIMSS(The Trends in International Mathematics and Science Study)研究以及学习者视角研究 LPS(Learners' Perspective Study),就是聚焦数学课堂,从教师实践和学生活动等方面去描述课堂教学。

打造高质量的数学课堂教学一直是数学教师的追求,也是我国数学课程改革的重要目标。但是一线课堂教学的现状却并不乐观。

传统的数学课堂教学大体上是按照数学学科体系展开的,课堂教学不注重那些属于学生自己的经验,教学内容大多是一系列经过精心组织的、条理清晰的数学结构。教学过程中,教师只需要将成套的数学内容和逻辑的思考方法教给学生,学生也只需要关注教科书所提供数学题目的计算和解答就行了,完全不用考虑它们的实际意义。课堂教学的内容一般都离学生的生活较远,并且多半超出学生应有的理解程度。学生对数学内容难免生吞活剥、一知半解、似懂非懂。[①]

2001年义务教育数学课程标准的颁布，标志着我国新一轮数学课程改革的开始，于是创设情境、动手合作、自主探索、合作学习等理念走进课堂，课堂教学重视了生活情境的创设，对现实问题的关注，对学生亲身实践的强调等，也出现了教学目标虚化、教学内容泛化[②]等问题，也就有了新课导入情景化、教学内容加工化、教学手段现代化、课后作业拓展化等教学现象。这些现象或问题既有对新课程理念的彰显，在实际教学中也出现了对新课程理念的背离。[③] 特别是，针对重视"双基"逐渐被"铺天盖地"的"自主探究学习"代替的现象，甚至有学者担心，"美国聚焦的地方，正是我们视而不见、打算舍弃乃至批判否定的东西"。"我们在丢弃的，美国却要拾起来。"[④]数学课堂教学的现实需要我们认真反思。

当前，课程改革已走过10年，伴随着义务教育数学课程标准2011年版的出台，课程改革进入了一个新的发展时期。面对新课改，我们更应该冷静、客观、科学地进行面对，潜心研究，不盲从。我们需要的不是简单的盲从，而是更加理性的思考；我们关注的不是看是否有新课程倡导的教学行为，而是更加深刻地反思课堂教学，并在反思的基础上重构课堂教学，发现问题，诊断问题，解决问题，不断推进数学课程改革的健康发展。

1.1.2 来自数学教学研究的需要

事实上，自新一轮课程改革之始就不断有学者对课程改革的诸多理论与实践问题进行反思，关于课堂教学的反思与重建也成为教育研究的热点。

搜索中国知网，从1990年到2013年(截至11月)期间，以"数学课堂教学"为篇名

① 数学课程标准研制组.全日制义务教育数学课程标准(实验稿)解读[M].北京:北京师范大学出版社，2002:115.

② 余文森.新课程教学改革的成绩与问题反思[J].课程·教材·教法，2005(5).

③ 吴晓红，杨海燕，束艳.五化现象:新课程理念的彰显与背离[J].现代教育科学，2012(1).

④ 张奠宙，赵小平.我们在丢弃的，美国却要拾起来[J].数学教学，2006(11).

的研究论文达到上万篇,且每年有递增趋势(如图所示)。

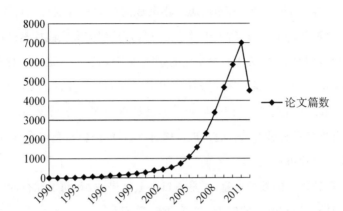

学者们从不同角度揭示了数学课堂教学的若干特征。诸如,黄翔、童莉从获得数学活动经验的角度对数学课堂特征进行分析研究①;陈明华从师生交往的角度对数学课堂教学的特征进行分析阐述②;李中华、孔凡哲从问题诊断和案例改进的角度对数学课堂教学的特征进行分析研究③;郑毓信从若干小学数学课例的分析出发,对课改中的小学数学课堂教学的特征进行分析阐述④;张春莉从信息技术对数学课堂教学影响的角度阐述了数学课堂教学的相关特征⑤;曹一鸣从大量的现实课堂教学研究出发,对一些比较研究中出现的问题和悖论进行了解释,研讨了中国数学课堂的一些特点⑥;等等。

综合来看,相关研究具有以下特点:

一、重视教学反思的多,研究教学重建的少,基于教学反思基础之上的教学重建的系统研究有待于加强。

表现为:第一,教学反思的重要性已成为人们的共识,关于教学反思的探讨已经涉

---

① 黄翔,童莉.获得数学活动经验应成为数学课堂教学关注的目标[J].课程·教材·教法,2008(1):40—43.
② 陈明华.数学课堂教学中师生交往的有效化[J].课程·教材·教法,2005(10):49—55.
③ 李中华,孔凡哲.数学课堂教学问题诊断与改进案例研究[J].中国教育学刊,2011(11):66—69.
④ 郑毓信.试析新一轮课程改革中小学数学课堂教学[J].课程·教材·教法,2003(4):29—33.
⑤ 张春莉.试论信息技术对数学课堂教学的影响[J].课程·教材·教法,2010(1):75—79.
⑥ 曹一鸣.数学课堂教学实证系列研究[M].南宁:广西教育出版社,2009:11.

及了课堂教学的各个层面,包括课堂教学设计的理念、课堂教学过程、课堂教学策略、课堂教学手段等等。不仅如此,教学反思已逐渐成为广大教师的自觉行为,成为教师课堂教学的一个重要环节。可见,关于教学反思的理论研究和实践探索已得到人们的极大重视。第二,相对而言,关于教学重建的研究和实践较少,一是人们对教学重建的重视不够,理论探讨较为薄弱,二是广大教师往往注重对教学实践的回顾与思考,忽视了对教学实践的改进与完善。第三,虽然人们已经重视对教学反思与教学重建的探讨,但往往没有将二者有机地结合起来进行探讨,二者的逻辑关系较为薄弱,有待于对课堂教学反思与重建进行整体的、系统的研究。

重视反思基础之上的教学重建,不是在口头上推进改革,而是在行动中真正实践课程改革,其对推进课程改革的健康发展有重要意义。

二、关于课堂教学反思与重建的理论探讨多,经验总结多,理论指导下的课堂教学实践研究有待于加强。

在基础教育课程改革进入理性反思与重建阶段,许多教育研究者和一线教师都对此给予了极大关注。教育研究者大都从理论层面进行探讨,诸如课堂教学反思的方法和策略、课堂教学反思的重要性、课堂教学价值观的重建等,这些研究深化了我们对课堂教学本质的认识。对一线教师而言,他们有较为丰富的教学经验,因此更注重如何针对特定的教学内容、具体的教学环节等进行反思,关心具体的教学设计、教学方法等方面的改进策略,但这些研究往往是教学经验的总结。如何提升经验研究的理论水平,使得教育实践不是盲目的? 如何将教学理论与教学实践有效地结合,发挥先进理论的指导作用,使得教育理论不是空洞的? 这些问题都需要进一步研究。

探讨课堂教学的反思与重建,是理论联系实践的一次积极努力,有助于发挥高校对基础教育的引领作用,更好地服务基础教育;有助于促进一线教师的教学实践从经验性提升为自觉性,由简单的经验总结转变为理论指导下的自觉实践。

三、在一般教育层面进行反思与重建的研究多,突出学科特点的研究少,关于数学教学的反思与重建的研究有待于加强。

现阶段,新课程改革已进入反思推广阶段,人们更加理性认识课程改革,强调反思。就反思的角度而言,仍以一般教育层面的反思与重建为主,从教育层面指出数学课堂教学存在的问题,突出学科特点的研究仍不多。比如,有学者指出,课程改革中的问题,"不是因为政府不作为、学者不关注,也不是因为教师不合格、不努力,而正是广大师生对某些片面、偏激的所谓'新课改理念'的自发纠偏,是学校教育规律发挥积极作用的实践体现"①。

事实上,新课程改革的核心理念体现为"以建构主义心理学、后现代主义哲学以及多元智能理论为基础,强调以学生为中心、重视学生的个人经验、强调课程实施过程中的个人体验"②。与此相适应,对数学课堂教学的反思也体现为对这些理念的关注。

案例③　赏析:平心而论,在常规性的复习课中,我们追求显性的终极目标——答案准确。为了这,我们会拉网式地将所有题型呈现在学生面前。而在解题过程中教给学生思考问题的方法,老师们通常把它放在不起眼的位置。我们的师生已习惯于答案只需稍加思索就水落石出的题目,可吴老师却看准时机、把握火候,在关键处给学生以点化,使学生豁然开朗,由"山重水复疑无路"进入"柳暗花明又一村"的思维和心理境界!张扬个性,尊重学生的独特体验,这是新课标所倡导的,也是我们所追求的。这个过程中,教师应及时引领,将学生思维不断引向深入,不断地把学生的目光聚焦在解决问题的过程与方法上,引导学生对解决问题的过程进行反思,对方法进行提炼,使学生零散感性的认识得到提升,情感、态度、价值观得到升华。学生是一个个鲜活的生命体,课堂教学是他们生命历程的组成部分,理应充满勃发的生命活力,复习课当然也不例外。为了能与孩子一起

① 郭华. 新课改与穿新鞋走老路[J]. 课程·教材·教法,2010(1):3—11.
② 郭华. 新课改与穿新鞋走老路[J]. 课程·教材·教法,2010(1):3—11.
③ 梁小平. 评数学课应以是否体现数学的本质为主[J]. 湖南教育(数学教师),2009(12):21—22.

找寻这份活力,我们应换一种思路对待复习课,从儿童的视角看世界,关注学生视野之内的生活,努力营造充满生命活力的课堂,使学生在不断成功的体验中,觉得数学课有趣、数学知识有用,学习是一件很有意义的事情。

这篇"赏析",洋洋洒洒数百字,句子貌似十分精彩。但是,如果我们不听这堂课,是绝对不知道该位评课者是在评价吴正宪老师执教的"数的整除"复习课。甚至,如果不是最后一句有"数学"两字,我们是无论如何都难以想象到,这是在评数学课。

可见,在现阶段的课改反思中,大家注重到了对新理念教育层面的考察分析,却忽视了相应学科本身的特点。对学科特点关注的缺乏,造成了课堂教学的形式化,及其学科实质的弱化。这说明,这种批评并非数学学科的特有缺点,有一定的共性。当前的课程改革仅仅注重了形式上符合改革理念,实质上没有体现出学科特点,对数学教学而言,没有体现出数学教学特有的"数学味"。因此,必须从数学学科特点出发思考反思与重建。

一般教育层面的研究对于研究数学课堂教学具有重要指导意义和启发价值,但是未必对数学课堂教学有较强的针对性。对数学课堂教学的反思与重建,要结合数学课堂教学的特点,突出数学学科本身的特点。以现代数学观为指导,从数学学科特点出发,探讨数学课堂教学的反思与重建,对改进数学课堂教学、提高教学质量有更强的针对性和可操作性,对新一轮数学课程改革的健康发展更加重要,也极为迫切。

1.2 现代数学教育观:反思与重构数学课堂教学的理论依据

数学教育的基本矛盾是数学教育的"数学方面"与"教育方面"。[1] 数学方面是指

---

① 郑毓信. 数学教育哲学[M]. 成都:四川教育出版社,2001:229.

数学教育应当正确地体现数学的本质,教育方面是指数学教育应当充分体现教育的社会目标并符合教育的规律。前者表明了数学教育相对于一般教育的特殊性,后者表明了数学教育相对于一般教育的共性,二者的对立统一促进了数学教育的发展。当前对数学课堂教学的一些批判,诸如:"重视了形式,忽视了实质;重视了方法,忽视了内容"等,就是对忽视"数学方面"的批判。

认识数学教育现象、研究数学教育问题,也应立足于数学教育基本矛盾,通过这一基本矛盾能够更透彻地深入了解数学教育现象、问题。对数学课堂教学的反思与重建,也必须从数学以及教育这两个方面进行深入剖析。

首先,数学教学是关于"数学"的教学,因此,数学教学应充分反映数学的本来面目,以现代数学观为指导进行教学。其次,数学教学不等于数学研究,是面向学生的数学,所以,数学教学要以现代教育理论为指导。可见,关注数学课堂教学的根本立足点在于以现代数学教育观为指导进行反思与重建。

由于新一轮数学课程改革建立在对现代数学的发展以及现代教育理念的认识之上,因此,新一轮数学课程改革所倡导的数学教育观应成为反思与重构数学课堂教学的理论依据。

《全日制义务教育数学课程标准(实验稿)》对数学作了如下的描述:"数学是人们生活、劳动和学习必不可少的工具,能够帮助人们处理数据、进行计算、推理和证明,数学模型可以有效地描述自然现象和社会现象;数学为其他科学提供了语言、思想和方法,是一切重大技术发展的基础;数学在提高人的推理能力、抽象能力、想象力和创造力等方面有着特殊的作用;数学是人类的一种文化,它的内容、思想、方法和语言是现代文明的重要组成部分。"[1]课程标准修改稿 2011 年版进一步指出:"数学作为对客观现象抽象概括而逐渐形成的科学语言与工具,不仅是自然科学和技术科学的基础,而且在人文科学与社会科学中发挥着越来越大的作用。""数学是人类文化的重要组成部

---

① 中华人民共和国教育部. 全日制义务教育数学课程标准(实验稿)[M]. 北京:北京师范大学出版社,2001:1.

分,数学素养是现代社会每个公民应该具备的基本素质。"①《普通高中数学课程标准(实验)解读》中指出:"我们要用动态的、多元的观点来认识数学,要认识数学的一些基本要素,如数学有两个侧面,即数学的两重性——数学内容的形式性和数学发现的经验性。""数学是一门有待探索的、动态的、进化的思维训练,而不是僵化的、绝对的、封闭的规则体系;数学是一种科学,而不是一堆原则,数学是关于模式的科学,而不仅仅是关于数的科学。"②

可见,新课程对数学的认识是全面的、多方位的。从本体论角度看,新课程既强调数学对象的客观性,数学与现实生活的密切相关性,又指出数学是人类创造的产物,是学生依据已有知识的主动建构的产物;从认识论角度看,新课程既指出了数学演绎性的一面,也提出了数学经验性的一面,既认为数学发展的动力是社会现实的需要,也认为来自数学内部的问题是数学发展的动力,强调归纳与演绎是数学发展的两翼;就数学的价值而言,新课程既指出了数学的工具价值、科学价值,也强调了数学所具有的文化价值……③

因此,新一轮数学课程改革将数学看作人类的一种创造性活动,倡导动态的、多元的、辩证的数学观。

在此意义下,就数学课堂教学的反思而言,一方面需要结合数学学科本身的特点,以现代数学观为指导进行反思,反映数学的本来面目,不能脱离具体的数学教学内容和数学教学活动进行重构;另一方面,需要对数学课堂教学的各个环节进行全面反思,以现代教育理论为指导,将学术知识转化为教学形态的知识,不能背离基础教育数学课程改革的基本理念进行重建。现代数学教育观是进行数学课堂教学反思与重建的依据、基础。

---

① 中华人民共和国教育部. 义务教育数学课程标准(2011年版)[M]. 北京:北京师范大学出版社,2012:1.
② 数学课程标准研制组. 普通高中数学课程标准(实验)解读[M]. 南京:江苏教育出版社,2004:304—305.
③ 吴晓红,郑毓信. 新课程背景下学生数学素养问题探析[J]. 中国教育学刊,2012(4):52—55.

1.3　本书的框架结构

一般来说,教育研究有两种传统:一是高尔登(Galton,1822—1911)的,试图在对自然情境的分析基础上,自下而上地归纳产生一般的假设;另一种是费歇尔(Fisher,1890—1962)的,试图通过有控制的实验,自上而下地来对假设进行演绎论证。①

课堂教学本身就是一个异常复杂的系统,涉及众多的因素,对数学课堂教学的反思与重构,我们很难通过逐一的有控制的实验进行,目前也缺乏较为成熟的理论供我们作为演绎论证的坚实基础。

因而,本书主要还是一种自下而上的研究。立足于一线课堂教学实际,着眼于数学课堂中实际发生的教学现状,通过现有教学案例的辩证分析,采用批判的视角发现现有教学中存在的问题,更为深入地认识课堂教学的本质,对数学课堂教学的现状作出反思与重构。在研究数据的可靠性和代表性上面,我们尽量通过案例采集的客观性、随机性进行弥补。

由此,我们以课堂教学为核心,着眼于教学流程,依据新课程倡导的"问题情境——意义建构——解释应用与拓展"的教学模式,将课堂教学的考察点聚焦于以下环节:问题情境的创设,数学探究活动的展开,数学例题教学,数学课堂小结等,对这些教学环节的聚焦成为本书的第三、四、五、六章的研究内容。同时,为了更好地理解数学课堂教学的实施意图和结果,我们将研究的视角向前后拓展,将教学目标的制定以及课后的评课作为考察对象,它们成为本书的第二章、第九章的内容。另外,随着课程改革的不断推进,出现了数学章节起始课、数学实验课等崭新的数学课型,这些课型是新课程改革的产物,当然也成为我们关注的对象,它们成为第七章、第八章研究的对

① 鲍建生.追求卓越——从 TIMSS 看影响学生数学成就的因素[M].上海:上海教育出版社,2003:34—35.

象。贯穿于每一章研究的主线是：现状——反思——重构，旨在通过了解现状，反思数学课堂教学存在的问题，并在先进理论指导下对课堂教学进行重建。其中第一章、第三章、第四章由江苏师范大学的吴晓红教授撰写，第二章由江苏师范大学的谢海燕老师和研究生高银撰写，第五章由江苏海州中学的乔健老师撰写，第六章、第七章由张家港常青藤中学的何睦老师撰写，第八章由江苏省黄埭中学的程仕然老师撰写，第九章由江苏师范大学的黄晓学教授撰写。吴晓红提出本书初步框架，江苏师范大学的李艳利老师、中国矿业大学附属中学的王宗信老师也参与了其中的讨论与设计，全书最后由吴晓红、高银统稿。

第二章

数学课堂教学目标的反思与重构

2.1 现状:教学目标,被"遗忘"的课堂教学基点

"教育,作为人类社会的一种自觉活动,其主要特征即是具有明确的目的性,而且又正是所说的教育目的或教育目标,在很大程度上决定了教学内容、教学方法乃至整个的教育过程。"①可见,作为整个课堂教学活动起点的教学目标,它既是一节课的预设点,也是一节课的考核点。科学合理的教学目标可以有效提高课堂教学的质量,减轻师生双方的负担。教学目标在整个课堂教学中的重要性不言而喻。

但是,课改十年后的今天,我们却惊讶地发现在课堂教学中,教学目标竟然被人"遗忘"了,主要表现为:一线教师普遍缺乏目标意识,很少有人关心教学目标究竟在教学中发挥怎样的作用;教学教案中的教学目标设置雷同,相同的句式、套话,不断地重复;课程目标是教参所给目标的直接摘抄,生搬硬套;等等。教学目标逐渐在无数次的重复中,"慢慢地变成了一个不需要思考的'条件反射',成了可以跳过的摆设","教学目标究竟在教学中发挥了怎样的作用"等问题很少有人进行探究。② 课堂教学目标的现状反思具有重要意义。

下面"函数的概念和图像(1)"的教学目标创设,以及它与课程目标和教参目标的对比,就是对上述现象的一个形象说明。

案例1　函数的概念和图像(1)(苏教版必修1)

【教学目标】

1. 通过现实生活中丰富的实例,让学生了解函数概念产生的背景,进一

---

① 郑毓信. 数学教育哲学[M]. 成都:四川教育出版社,2001:163.
② 崔允漷. 教学目标——不该被遗忘的教学起点[J]. 人民教育,2004:16—18.

步体会函数是描述变量之间的依赖关系的重要数学模型,在此基础上学习用集合与对应的语言来刻画函数的概念,掌握函数是特殊的数集之间的对应;

2. 了解构成函数的要素,理解函数的定义域、值域的定义,会求一些简单函数的定义域和值域;

3. 通过教学,逐步培养学生由具体逐步过渡到符号化、代数式化,并能对以往学习过的知识进行理性化思考,对事物间的联系的一种数学化的思考。

【课程目标】

课程标准关于函数的内容要求:"通过丰富实例,进一步体会函数是描述变量之间的依赖关系的重要数学模型,在此基础上学习用集合与对应的语言来刻画函数,体会对应关系在刻画函数概念中的作用;了解构成函数的要素,会求一些简单函数的定义域和值域……"①

【教参目标】

苏教版高中数学教学参考书·数学1(必修)中关于"函数概念和图像"一课的教学目标:②

1. 体会函数是描述变量之间依赖关系的重要数学模型,理解函数的概念;

2. 了解构成函数的要素有定义域、对应法则、值域,会求一些简单函数的定义域和值域;

3. 通过本节的学习,使学生养成用运动、发展、变化的观点认识世界的思维习惯。

---

① 中华人民共和国教育部. 普通高中数学课程标准(实验)[M].北京:人民教育出版社,2003:14.

② 单墫主编.高中数学教学参考书·数学1(必修)[M].南京:江苏教育出版社,2012:25.

2.2　反思：数学课堂教学正在经历怎样的目标教学

2.2.1　教学目标的创设：课程目标、教参目标与教学目标

案例1"函数概念和图像（1）"中的教学目标，给人第一印象就是冗长繁杂的感觉，仔细分析之下可以发现，这样的教学目标创设主要围绕着当堂的数学内容展开。可见，进行这一目标创设的教师对数学知识及其要点的认识较为深刻，教学目标创设主要立足于基本知识与技能之上。总体而言，给人一种生硬的"教科书"式的感觉。而通过对课程标准和教师教学参考书的查找比对，这一教学目标创设竟然与课程标准中给出的内容要求以及教参中所提供的教学目标示例如出一辙。

这样的一个教学目标，教师将自己的教学目标与课程标准的内容要求等同起来，其教学目标的创设基本来自于对教参目标的简单摘抄。

事实上，这样的教学目标并不少见，以下是一个"集合的基本运算"的教学目标：

案例2　交集、并集（苏教版必修1）

【教学目标】

1. 理解两个集合的并集与交集的含义，会求两个简单集合的并集与交集；

2. 能用 Venn 图表达集合的关系及运算，体会直观图示对理解抽象概念的作用；

3. 掌握区间及其表示方法。

【课程目标】

课程标准关于集合的基本运算的内容要求:"①理解两个集合的并集与交集的含义,会求两个集合的并集与交集;②理解给定集合中一个子集的补集的含义,会求给定子集的补集;③能使用 Venn 图表达集合的关系及运算,体会直观图示对理解抽象概念的作用。"[①]

【教参目标】

苏教版高中数学教学参考书·数学 1(必修)中关于"集合的基本运算"一课的教学目标:[②]

1. 理解交集和并集的概念;

2. 理解区间的表示法;

3. 掌握有关集合的术语和符号,会用它们正确地表示一些简单的集合。

可以看出,这样的教学目标只是对课程标准和教学参考书的简单摘抄,教师的目标意识不强,教学目标的创设缺乏必要的思考。可见,很多教师并没有意识到依据学情和数学对象特点进行教学目标创设、预设课堂教学过程的重要性。与此同时,由于对教学目标内涵理解的缺失,很多一线教师并不能有效区分课程目标与教学目标的区别与联系。

2.2.2 教学目标的主体:教师与学生

教学目标需要表明"谁"(主体),"怎样"(方法),"做"(行为动词)了什么,达到什么"程度"(目标)。这些问题的答案要在教学目标中清晰表述出来。案例 1 的"函数的概念与图像(1)"中,虽然教师隐藏了教学目标的主体,但仍然可以判断出,在目标 1 的前

---

① 中华人民共和国教育部. 普通高中数学课程标准(实验)[M]. 北京:人民教育出版社,2003:14.

② 单墫主编. 高中数学教学参考书·数学 1(必修)[M]. 南京:江苏教育出版社,2012:9.

半段,目标的主体是教师,例如"通过……,让学生……",而后半段的主体是学生,例如,"在此基础上,……,掌握……";而目标 2 的主体以学生为主,例如,"了解……,理解……,会求……";目标 3 的主体又回归到教师身上,例如,"通过……,培养……"。这样的表述中主体的不稳定性,表明教师不甚明确教学目标中到底谁是行为主体。

从宏观来说,教育目的就是"教育意欲达到的归宿所在或预期实现的结果"[①],教育目的的行为主体就是作为受教育者的学生。那么,在微观的课堂教学中,教学目标的行为主体又是谁呢? 在数学教学系统的众多矛盾中,"学生的实际水平和教学目标之间的差异所构成的矛盾是最核心的矛盾,它决定着数学教学过程的性质和层次,规定和影响着其他矛盾的存在和发展。学生的实际水平与教学目标之间的差异是教学过程存在的根本原因。"[②]可见,作为微观的课堂教学活动的教学目标,它是在学生已有实际水平之上,对学生通过教学活动过程后所达到水平的一种预设。因而,教学目标的行为主体应该是学生。

教学中,由于对教学目标主体的不明确,往往就造成了教学目标应有的调控、考核功能的缺失,使教学目标沦为一种摆设。事实上,这样的问题并不少见,以下是一个"椭圆及其标准方程"的教学目标:

案例3 椭圆及其标准方程[③]

教学目标:

1. 激发学生学习椭圆的兴趣;

2. 掌握椭圆定义及其标准方程;

① 全国十二所重点师范大学联合编写. 教育学基础[M]. 教育科学出版社,2008:59.

② 何小亚,姚静. 中学数学教学设计[M]. 北京:科学出版社,2009:2—3.

③ 廖克杰. 椭圆及其标准方程教学设计[J]. 当代广西,2009(18).

3. 通过椭圆定义的学习,培养学生对数学概念的自主学习能力。

与案例1相同,案例3中的目标创设同样表现为目标主体的不明确,目标1、3中"激发"、"通过"这两个动词表现更多的行为主体是教师,目标2中"掌握"这一动词表现的行为主体更多的是学生。当然,除了案例3中行为主体混淆的情况外,现实中,还有的老师在教学设计时明确地把教师作为行为主体来表述,如:"教会"学生、"使"学生掌握等等,这样的表述是不恰当的。可见,在教学目标的创设过程中,教师对于谁是教学目标的主体这一问题仍不清楚。

教学目标是对学生学习可能发生的行为变化的预设,数学教学过程主要是由教师、学生、教学内容和教学手段构成的。教学过程中教师和学生二者之间的关系是教学过程中最本质的关系,教与学的矛盾是贯穿教学过程始终的主要矛盾,这一矛盾的发展确定了教学的本质和规律。学生是教学过程中最为活跃的因素,是教学活动的主体,在教学活动中教师的教和学生的学二者相互依存、相互促进、相互制约,共同构成了教与学的矛盾运动过程。因此,在数学课堂教学设计中要摆正教与学的位置使教学原理转换成教学材料和教学活动计划,设计时应以学生的学为出发点,以学生运动为行为主体进行教学目标设计。只有这样才能使教学设计成为实施教学计划的指南。教学目标应集中在学生能做什么,说明的是教学结果而不是教学过程,教学目标的指向是学生,主体是预期达到的学习结果和标准,是学生学习之后所发生的变化。因此,正确的表述方法应把学生作为行为主体。[①]

因此,当前课堂教学创设中,教师对教学目标主体的认识有待加强。

2.2.3　教学目标的阐述:三维目标的拆分与统一

《普通高中数学课程标准》选择从"知识与技能,过程与方法,情感、态度与价值观"

---

① 曹一鸣. 关于数学课堂教学目标设计的几点思考[J]. 数学教育学报,2001(3).

这三个维度,对其课程目标进行阐述。《义务教育数学课程标准(2011)》的目标阐述选择从"知识技能、数学思考、问题解决、情感态度"这四个维度展开。经过对义务教育和普通高中数学课堂教学目标的分析,何小亚等人指出:"不管是义务教育阶段还是高中阶段,数学课堂教学目标都可以按照知识与技能、过程与方法、情感态度与价值观这三个维度进行设计。"①课程改革以来,为了迎合"三维目标"这一提法,很多教师选择将课堂教学目标分为三项,分别制定。

　　由此,我们看下面一个"椭圆及其标准方程"的教学目标:

案例 4　椭圆及其标准方程②

教学目标:

1. 知识与技能

　　① 理解椭圆的定义;

　　② 掌握椭圆的标准方程,在化简椭圆方程的过程中提高学生的运算能力。

2. 过程与方法

　　① 经历椭圆的形成过程,培养学生动手的能力;

　　② 通过推导椭圆的标准方程,建立类比的思想。

3. 情感、态度与价值观

　　通过师生合作,小组合作,培养学生的协作、友爱精神。

案例中,教师选择将教学目标按照"三维目标"的三个角度分别阐述,将知识与技

---

① 何小亚,姚静. 中学数学教学设计[M]. 北京:科学出版社,2009:2—3.
② 王晓妮. 椭圆及其标准方程的教学设计[J]. 魅力中国,2010(23).

能、过程与方法、情感态度与价值观三个维度的联系割裂、各自阐述。可以看出,知识与技能维度的目标设置只关注了数学内容本身,没有依据内容进行后两个维度的目标创设;后两个维度的分析又缺乏必要的知识技能基础,不免显得空洞。"培养学生动手能力"、"建立类比思想"、"培养学生协作、友爱精神"这些目标设置与当节课堂教学内容关联不大,属于那些"假、大、空"的目标设置。与此同时,由于三个维度的割裂,目标割裂,时间有限的课堂教学也不可能按照它们逐一展开。显然,这样的教学目标是无法对课堂教学进行有效引领的。

伴随着课程改革的不断深化,近年来,很多教师渐渐认识到了这一点,他们逐渐开始重新将"三维目标"融为一体,制定出更为切实可行而又重点突出的教学目标。

下面,我们看另一个"椭圆及其标准方程"的教学目标:

案例5　椭圆及其标准方程[①]

教学目标:

1. 掌握椭圆的定义,理解椭圆标准方程的推导;

2. 通过对椭圆定义的探究,培养学生用运动变化的思想分析解决问题,渗透从具体到抽象、从特殊到一般、从感性到理性的辩证唯物主义思想;

3. 通过椭圆标准方程的推导,进一步掌握求曲线方程的方法,提高运用坐标法的自觉性以及解决几何问题的能力;

4. 通过学生动手、动脑,自主探索、辨析,鼓励学生善于观察,勤于思考,勇于创新,以形成良好的学习习惯,培养学生严谨的学习态度和科学精神。

---

① 赵莉.谈"椭圆及其标准方程(一)"的教学设计[J].教育实践与研究,2011(5).

案例中,教师将三维目标有机地融为一体。在强调知识技能的同时让学生经历过程、体会方法,领悟数学以及数学教学中所蕴含的特殊精神,培养学生对数学学科的兴趣。在探究学习的过程中,让学生对数学知识进行理解,对相关数学技能进行掌握。但后面两个目标相比来说仍显得有所夸大,没有立足于数学对象本身的特点。

由此可见,现实教学中教师对三维目标的理解仍有偏颇,关于三维目标的拆分与统一仍有争议。与此同时,就各维度目标的设置也仍有不足之处,尤其是对"过程与方法"、"情感、态度与价值观"这两个维度的阐述仍显空泛,套话、空话较多。

2.3 重构:实施有效的目标教学

2.3.1 正确认识数学课堂教学目标

通过对以上现状的反思,我们意识到,这些具有代表性的现状实际上反映了教师理论认识不到位的问题:对教学目标的重要性没有强烈的感受,对课程目标和课堂教学目标的关系还未理清,对三维目标的内涵体会不深,下面就这些问题进一步探讨。

十年课改,的确使数学课堂教学的方方面面都发生了很大的变化:"情境创设多姿多彩,动手操作随处可见,多媒体设备每节都有,小组合作必不可少。特别是公开课上,课堂气氛活跃,学生反应积极。但是,有些教师在介绍新课程的教学经验时说,我们'宁活不死,越活越好','活就是体现新课程的精神,死就是旧课程的套路',于是有的课45分钟内出现了30多次的提问,或者40分钟内安排了8次小组讨论,而每次讨论只给学生2—3分钟;还有一堂课设计了10分钟的录像、6分钟的弹琴、8分钟的师生自制教具表演……"[①]可以看到,教师们的注意力大都被以上所提的教学活动所吸

---

① 崔允漷. 教学目标——不该被遗忘的教学起点[J]. 人民教育,2004:16—18.

引,对这些流行活动的过分热衷和泛滥使用,使得不该有的花里胡哨在教学设计中占据了一席之地,该有的基本成分——目标,被束之高阁。

在管理比较规范的学校,不写教学目标的老师还是很少的,但大部分老师其实并不太在意教学目标的制定,更谈不上精心制定,忽视教学目标的现象并非只发生在青年教师身上,在经验十分丰富的优秀教师教案里,也存在这样的现象。通过和老师们交谈发现,大多数教师的教学目标都来自教学参考书,他们备课的第一件事,就是翻开教参,将教参提供的教学目标抄写到教案,就算是完成教学目标设计了。

很少有人关心教学目标究竟在教学中发挥了怎样的作用。也许,是在我们无数次翻教材、写教案时,我们学会了用相同的句式、相同的套话去描述三维目标,也正是在这无数次地重复当中,教学目标慢慢地变成了一个不需要思考的"条件反射";成了可以跳过的摆设;成了"八股"式的"备课秀"。

一、什么是课堂教学目标

课堂教学目标就是一节课的教学目标。相对于总体目标、学段目标和内容目标这些宏观目标来说,课堂教学目标是当期目标,它既受制于前三类目标,又是前三类目标的基础。[①] 明确教学目标不仅关系到单节数学课堂教学,同时也影响着整个教育的成败。那么,怎样才能做到明确教学目标呢? 石中英指出:"教师明确教学目标意味着:第一,明确课程大纲中规定的教学目标是什么;第二,思考为什么制定这样的教学目标;第三,探索教学目标是如何通过教学内容来实现的;第四,明确教学目标本身所包含的方法论要求;第五,区分教学目标的层次性;第六,理解教学目标的系统性;第七,考虑如何向学生解释这些目标及其学习的价值;第八,分析教学大纲中给定的教学目标有没有不足或需要完善的地方等等。"[②]

可见,对于教师而言,教学目标不仅不是一个摆设,而且应是一个需要全面考虑、深入分析、精雕细琢的航标性任务。教学目标的制定,更是一个需要广泛阅读相关背

① 何小亚,姚静. 中学数学教学设计[M].北京:科学出版社,2009:20.
② 石中英. 教育哲学导论[M].北京:北京师范大学出版社,2002:206.

景知识、透彻分析教材、领会解读标准,并和具体教学实际紧密联系的探索与发现的任务。每一堂课的教学目标,既要能精炼表达教师对教材教参既定目标的精确把握又要与具体的教学实践紧密相连。

二、为什么要关注教学目标

目的是人类活动的出发点,也是归宿。学校教育的所有活动都是有目的的,因此教师的课堂教学也必须符合目的要求。课堂教学的目标是学校教育目的范畴的一个具体概念,它在教学过程中起的作用是不言自明的:它既是教学的出发点,也是归宿,或者说,它是教学的灵魂,支配着教学的全过程,并规定教与学的方向。教学目标是教学活动的预期结果,教学目标一经确立就会给教学活动带来影响(既有积极影响也有消极影响)。若能最大限度地发挥学生学习的积极性,积极地促进教学活动,使其朝产生最大教学成效的方向发展的目标就是真实有效的课堂教学目标。反之,若一项教学目标不能发挥其应有的作用,那它可能就是虚化的目标。

苏联教育学家巴班斯基指出,"明确教学目标"是实现"最优化教学"的首要条件。教学作为一种自觉的、有目的地培养人的社会实践活动,是促使学习者朝着目标所规定的方向产生变化的过程,其全部运作都是围绕目标展开并逐步逼近目标的过程。所以,教学设计必须确立清晰的教学目标。新一轮课程改革的最终目的是促进学生全面、和谐、持续的发展,而这种发展必须落实到每一堂课的具体教学目标上。也就是说,教学设计者在开始设计前应回答"在教学之前,学习者能够做什么;而在教学之后,学习者应该能够做什么? 学习者到底应该有什么变化"的问题。[①]

三、什么是三维课程目标

《全日制义务教育数学课程标准(实验稿)》(以下简称《标准》)中,对课程目标的阐述共四个部分:"知识与技能、数学思考、解决问题、情感与态度。"除去学科特征,上述四个方面的目标就进一步概括为"知识与技能、过程与方法、情感态度和价值观",这就是三维课程目标的来源。

———————————

① 陈吉利,黄克斌,徐小双.新课程理念下的教学目标设计[J].教育理论与实践,2012(8).

三维的课程目标不是现在才有，而是过去就客观存在，只是我们没有强调。对于"知识与技能"我们并不陌生，过去我们一直强调的"双基"教学，指的就是基础知识和基本技能。新课程标准指导下的"知识与技能"，与过去教学大纲指导下的"知识与技能"没有多大差别。对于"过程与方法"大家好像感到新鲜，其实在过去的教学中也客观存在。所谓"过程与方法"就是指学生在学习知识与技能的过程中运用了什么样的方法，经历了什么样的过程。"满堂灌"的教学方法，也有"过程与方法"的问题，教师采取灌输式的方法，学生就采取被动接受的方法学习，整个学习的过程学生只是机械记忆，不能发挥主观能动性，更谈不上与社会现实和自己的生活体验相结合。《标准》指出："学生的数学学习活动应当是一个生动活泼的、主动的和富有个性的过程。"《标准》还指出："有效的数学学习活动不能单纯地依赖模仿与记忆，动手实践、自主探索与合作交流是学生学习数学的重要方式。"这即是《标准》对"过程与方法"提出的原则要求；至于"情感态度与价值观"更是客观存在。学生在学习的过程中总伴随一定的情感和态度，或充满兴趣，或感觉乏味；或积极参与，或消极接受。这都是情感和态度问题。价值观也是客观存在的。学生在学习知识的过程中，总会产生一定的价值倾向，如对同一件事物，不同的人会产生不同的价值判断和内化。价值观的目标表面上看起来似乎与数学学习的距离较远，其实并非如此，它隐含在许多的数学问题中。只要用心体会，会发现很多。举个例子，大家常常觉得辩证唯物主义思想是过时而又"假、大、空"的东西，实际上这种思想在教材中体现很多，拿立体几何面积、体积公式来说，当圆台上底周长趋于下底周长时则变成圆柱，趋于零则成为圆锥；棱柱、棱台、棱锥的棱数增加到无穷多时，它就变成了圆柱、圆台和圆锥，这正是辩证唯物主义思想中"量变引起质变"的体现，不仅直观地体现在形状的变化上，也体现在公式之间的互相转换上。

总之，三维的课程目标是客观存在的，因为过去我们过分重视"知识和技能"目标，忽略了"过程和方法"和"情感态度和价值观"，所以这次课程改革特意给出"三维课程目标"的提法，实际目的是想强化后两个目标。

四、课堂教学目标和三维课程目标的关系

我们常见的所谓"三维目标"是不能出现在课堂教学设计中的。目标是分层次的：

我国的教育目标大致可以分为三个层次,分别是教育方针、课程目标和教学目标。[①]

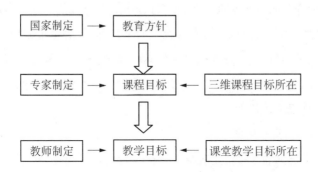

教育方针,是国家根据政治、经济和社会发展的要求提出来的一定时期的教育工作的总方向和总目标,是教育工作的根本指导思想。1995 年 3 月,《中华人民共和国教育法》颁布执行,其中第五条即为教育方针。具体表述为:"教育必须为社会主义现代化建设服务,必须与生产劳动相结合,培养德、智、体等方面全面发展的社会主义事业的建设者和接班人。"教育方针的内容是纲领性的,它规定了教育的总任务,是我国教育工作的最根本的价值取向。教育方针的制定者是国家,其特点是比较抽象、笼统。作为教育工作者,教师更要深刻地理解教育方针的涵义。

课程目标,是学科专家按照国家的教育方针,根据学生的身心发展规律,通过完成规定的教育任务和学科内容,使学生达到的培养目标。它受教育方针的制约,是总的人才培养目标的具体体现。课程目标是课程编制、课程实施和课程评价的准则和指南。课程目标的制定者是学科专家,它是教育方针的具体化,是基于人的终身需要以及和谐发展所必须具备的基本素养而提出的。

三维课程目标就属于课程目标这一层次,它向上服从于基础教育培养目标,向下规范了各学科课程目标。就数学而言,又进一步具体化为数学课程总体目标和具体目标。

课堂教学目标,则是上述目标的进一步具体化。我们都知道,课堂教学目标总是

① 蒋亮. 教学目标——不该被遗忘的教学起点[J]. 数学通报,2006(6):33—35.

与特定环境和特定师生密不可分,它是以教学内容为载体,结合学生实际与可用资源,根据内容标准而确定的目的要求。在教学过程中起着灵魂的作用。它既是课堂教学的出发点,也是课堂教学的归宿,支配着教学的全过程,并决定了教与学的根本方向。教学目标的制定者是教师,它是课程目标的具体体现,教师所制定的每节课的教学目标根据具体情况总是有所倚重,不可能每节课兼顾三个维度,直接把三维目标作为课堂教学目标,显然犯了教条主义的错误。

五、三维目标的真正内涵

实际上,三维目标的提法正是着眼于学生长远发展的角度,基于"以人为本"的理念出发的,不要以为作为整体的"人"的培养离我们学科教学的培养目标很远,其实,每一学科的教学目标中都包含着一定的"超学科性",这种超学科性应该是基于学科教学而又超越文本之上的,比如思维品质、学习精神、道德情感、知识观、课程观、人生观、价值观等等,即教育的终极目标——"人"的培养。它们很难作为某一学科、某一课时的教学目标去实现,但又是内隐在并通过具体学科教学实践来完成的。因此,学科教学的过程实际上就是将基于学科的、显性的目标和超越学科的、隐性的目标融合统一的过程。这才是我们应有的学科教学目标视野。

基于此,我们来看小学数学特级教师张冬梅以一节"7的乘法口诀"的教学实录为基础做的点评。[①] 以此讨论这样一个问题——面对学生的"现实起点",我们还需忠实执行教学预案吗?

《7的乘法口诀》教学片断:

师:老师很喜欢做拼图游戏,今天我用几个三角形拼成了一个图形,大家看一看拼成了什么? 这只船用几个三角形拼成的?

师:摆1只小船用了7个三角形,摆2只这样的小船要用几个三角形? 摆3只呢? ……摆7只呢? 请你自己在书上填一填。

---

① 张冬梅.引导学生感受数学魅力[J].中小学教学研究,2011(5).

学生独立填写后交流。

师:谁来说说,摆 2 只小船要用几个三角形?

生 1:14 个。

师:你是怎么想的?

生 1:二七十四。

师一愣后:口诀还没有学呢,有别的想法吗?

生 2:$2 \times 7 = 14$。

师:还有不同的想法吗?

生 3:$7 + 7 = 14$。

(后面的情形类似)

......

在此片断中,教师没有理会学生回答的 7 的口诀,而是不停地追问学生:"还有别的方法吗?"直到有学生答出"7+7"后,才开始下一环节的教学,通过"几个 7 的和是几"的问题,列出对应的乘法算式,再编出 7 的乘法口诀。这里,最起码有这样几点值得关注:

第一,忽视了学生的"现实起点"。显然,老师不经意间把学生当作一张"白纸",按照教学预案实施了"严谨"的教学活动。尽管教师精心创设了学生非常感兴趣的活动——"拼小船",但此时的活动,已经成为失去真实价值的"表面活动",学生只是为了迎合教师的期待而委屈自己:已经想到了"五七三十五",却偏还要努力地想出"$28 + 7 = 35$"的方法。在没有关注学习起点的基础上,贸然开展的活动,不是一场"失败",就是"失去真实价值"。

第二,泯灭了"课堂生成"。面对学生的"二七十四",教师用"还没有学呢"迅速打断,这不仅表现了教师忽视学生已有的"学习起点",更是在泯灭课堂生成。课堂生成,作为课堂教学的宝贵资源,教师应冷静地面对、机智地筛选、巧妙地运用,而绝对不能对其"一棍子打死"。

第三,缺失了"生命关怀"课堂,是师生智慧共生、情智交融、生命对话的"圣地"。其中,不仅有知识的传递、思想的碰撞、情感的交流,更有生命的"对话"。然而,本案例中,教师积极为完成"知识传递"而"不懈努力"着,却忽视了他所面对的活生生的有思想、有感情、有生命的学生。置学生已有的知识于不顾,面对学生早已掌握的乘法口诀予以回避,这不仅是对学生知识和能力水平的不尊重,更是对他们个体生命关怀的缺失。

从张老师的分析中我们不难看出,学生是带着已有的知识经验进入课堂的,教学的过程不能只是简单重复固有的教学程序,单纯地按照自己预先创设的教学目标实施课堂教学。课堂教学的过程,本身就是预设与生成不断对立统一、相互磨合的过程。课堂教学的实施需要在教学目标的引领之下,而教学目标需要依据学生的实际反应作出及时有效的调整。三维目标不是课堂教学的脚本,而只是课堂教学所依据的一个文本,需要师生在课堂教学的磨合中不断地进行修正。课堂的魅力、数学的神奇是由内而外散发的,学生只有处在和谐的氛围中,才有可能展示自我、张扬个性,这才是三维目标的真正内涵。

事实上,对三维目标的异化现象是可以理解的。面对新的问题和新的情境,我们需要不断探索和实践,难免会有失误的时候,但前提条件是要对新问题有一个正确的认识,这样才能对我们的探索性实践作出正确的价值判断和改进,及时修正路线,回到正确的轨道上来。

在对后两目标的实践过程中,广大教师普遍感到时间不够用或存在牺牲知识与技能目标的情况。为了给学生提供充足的探究时间和空间,以前一两句话就可以教会的东西,现在却要花费几分钟甚至更多的时间。而且由于传统教学方式的巨大惯性,老师们对较为"显性"的学科知识、技能、策略、方法等目标较为熟悉,也容易"拿捏"尺度。但对"隐形"的情感、态度、价值观等则感觉无从下手,因而敬而远之,最后索性和教学目标一起弃之不顾。目前进行改变学习方式和关注三维目标的探索尤为艰难。但试想,如果一个人在最富人生幻想的儿童、少年时代,全都处于接受、记忆、模仿的学习环境中,长大了还会有什么创造力可言? 从着眼于学生长远发展的角度考虑,我们广大教师还是应该在正确理解理论的前提下,勇于实践、敢于反思、善于反思,坚持不懈地进行探索与尝试。

2.3.2　实施有效的目标教学

在我们认清了课堂教学目标及三维课程目标的本质内涵后,下面我们给出数学课堂教学目标的具体制定过程及其规范表述。

一、怎样制定一节数学课的教学目标

综上,一节常态课的教学目标的制定应当经历以下过程[①]:

第一,要研究与上位目标的关系,把握教学目标的适切性。如前所述,教育目的的具体化是课程标准,而课程标准的具体化就是教学目标;即使是教学目标,也有不同的层级:由学年(学期)目标到单元(主题)目标,再到课时目标。由于上位目标决定下位目标,在确定教学目标时,教师必须清楚它的上位目标是什么,才能把握住下位目标的基本定位。

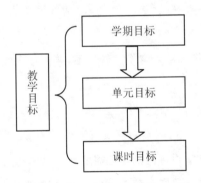

第二,要处理好知识与技能、过程与方法、情感态度与价值观的关系,确定目标的重点。尽管课程标准按照知识与技能、过程与方法、情感态度与价值观三个维度来陈

---

① 崔允漷. 教学目标——不该被遗忘的教学起点[J]. 人民教育,2004:16—18.

述,教学目标是课程标准的下位目标,但是教师不能机械地、一一对应地照搬上位目标的格式,每堂课都按三个维度来陈述。而应该把它当作思考教学目标的一条重要原则,然后根据具体的内容、学生与情景来确定目标的重点。

如小学数学有关"统计"的内容,有位教师这样陈述一节课的目标:

1. 认知目标:使学生体验数据的收集、整理、描述和分析的过程,初步了解统计的意义,会用简单的方法收集和整理数据;

2. 智能目标:使学生初步认识条形统计图(1格表示2个单位)和统计表,能根据统计图表中的数据提出并回答简单的问题;

3. 情感目标:通过对学生身边有趣事例的调查活动,激发学生的学习兴趣,培养学生的合作意识和实践能力。

这样的教学目标如果改成如下的表述,是否会更好些呢?

1. 复习并巩固一年级所学的有关统计的知识并能从自己的生活中举出含有统计内容的例子;

2. 独立或合作将一组数字变成统计图,并能结合统计图,说明"‰"的含义及其意义。

第三,要分析具体的学生、教学内容及可得到的资源。仔细挖掘内容或资源对学生发展的意义与价值。教学目标的确定还需要针对具体的内容或活动、可得到的资源以及目标所指向的学生进行研究与分析,以便于挖掘教学内容潜在的教育意义。

第四,要清楚预设目标与生成目标的关系,把握教学效益的底线。事实上,上述讨论的只是预期的学习结果,也可以说预设的教学效益的底线,它不是教学结果的全部。真正的教学结果一定是预设的目标(也有可能改变)加上生成的目标。在课程与教学设计的过程中,教师考虑最多的是预期的学习结果,而不是生成性目标,尽管在实际教学中,教师必须充分发挥教学机智,利用生成性课程资源,实现非预期的教学目标。因此,我们可以说,预期的学习结果是教学设计时关注的重点,是课堂教学过程的决定因素,也是教学效果的最起码要求,是教学效益中可评价的那一部分。如果这一底线都坚守不住,过于重视生成性目标,教学就有可能走向"无目的"的误区。

二、好的教学目标应当具有怎样的特点

第一,应具有"可操作性"。比如,同样教学三年级数学"年、月、日"时,我们拟定了如下的教学目标:(1)以了解每个月的天数为载体,通过手势演示等方式,达到识记每月天数的目标。(2)以计算全年的天数为载体,通过自主尝试、全班交流的方式,达到算法多样化基础上的合理优化的目标。(3)以大月、小月、平月的区分为载体,通过观察、比较、分析的方式,达到渗透分类思想的目标。(4)以理解二月份的特殊性为载体,通过自然常识、历史资料介绍的方式,达到传播数学文化的目标。这里用"以(　　)为载体,通过(　　)方式,达到(　　)目标"的形式来撰写教学目标,既关注了三维目标的全面性又指明了达成目标的操作方式与途径,字字句句都是围绕课堂教学"量身定做",每一条目标都实在、具体、明晰,利教、利学、利评。

第二,应当具有"个性"。同样的教学内容,不同的教学理解,不同的教学视角,不同的表达主旨,不同的授课学生在个性不同的教师手中,会形成不同的教学定位,由此也就有不同的教学目标表达。比如"鸡兔同笼"问题,江苏省特级教师徐斌老师让二年级的学生学习用"画图"的方法来解答,教学目标为:通过学生自己动手、动脑、想想、画画,运用形象思维来解决"鸡兔同笼"问题,从而发展学生的思维能力;结合教学,渗透"假设"的思想方法;培养学生学习数学的兴趣和合作精神。浙江省特级教师朱乐平老师在六年级用"二元一次方程组"同样生动地演绎了它,教学目标为:学习用方程组表示鸡兔同笼的基本数量结构,通过合作探究,初步能解方程组进而解决,为学生初中学习复杂的代数知识做铺垫。北师大版小学数学教材五年级上册中选用"鸡兔同笼"来让学生学会表格列举;而苏教版小学数学六年级上册却将之作为一道练习题来巩固"假设和替换"的策略。此外,"同课异构"也是我们常见的教研形式,同一内容,同一年级,构思出的却是不同的教学。

第三，应当具有"原则性"。教学目标的"个性"并不表明教学是一种自由化、随意性的实践活动，相反，从哲学层面看，一切从实际出发是我们做任何事情都必须坚持的基本原则。对于确定教学目标而言，所依据的"实际"有两个，一是学习内容，教师要在认真研读课标、教材、教参的基础上，明确教学的基本内容，并进而弄清楚为什么要教这些内容；二是教学对象，教师要对学生的学习起点能力、背景知识、学习态度、心理状态等进行分析，并考虑通过这些内容的学习，学生将获得什么，把这两个"实际"和教师个性化的理解和创造结合起来，才是教师教学主体精神和教育智慧的充分体现，才是有生命力的课堂，这样的课堂才会逼近教育的本真。从这一层意义上来看，"透过小窗看风景"，简略而精炼的教学目标，恰恰是教学的精髓和灵魂。那种仅有假大空的套话，而没有清晰教学目标的课堂，是毫无根基的课堂，是一种"浅"课堂、"伪"课堂。

三、怎样将三维目标融为一体

前面所提到的将三维课程目标直接作为课堂教学目标出现在教案中的现象就是最常见的一种异化现象。三维的课程目标不是三个目标，是一个问题的三个方面。如同一个立方体都有长、宽、高三个维度一样，课程目标也有三个维度：学生学习任何知识和技能都要运用一定的方法，不管是好方法还是不好的方法；都要经历一个过程，不管是主动探究还是消极接受。在这个学习过程中，学生总会伴随一定的情感和态度，不管是积极的情感还是消极的情感，不管是敷衍的态度还是认真的态度；总会有一定的价值取向，不管是正确的还是不正确的。所以说，三维的课程目标是一个问题的三个方面，而不是独立的三个目标。在课堂教学中，不能完成了一维目标再落实另一维目标，它们是联系在一起的，就像拿一个立方体，不可能只拿起"高"而不拿起"长和宽"一样。

"三维目标"这种表达方式的本意是强调过去被我们忽视的情感、态度、价值观等的存在，强调学生是一个有情感、有精神追求的完整人，教学是促进人的智力、人格全面协调发展的过程，并非暗示要机械地分割总体目标。现在要求我们更多地关注过程与方法、情感态度和价值观，并不是说知识与技能的目标就不那么重要了。虽然我们不得不承认：在一定的过程与方法中形成的情感态度价值观相对知识与技能可能更加重要,但我们决不能忽视知识与技能的目标。实际教学中过于侧重其中的某一方面目标而忽视其他目标,都只会使教学实践步入歧途,从而背离课程改革的方向和初衷。

　　三维目标是理论层面上对核心思想的另一种解读方式,而从理论到教学实践的转化过程中,应当充分考虑三方关系并将一个三者恰当融合之后的结果呈现在日常教学设计中。

　　例如:我们常见到《古典概型》教学目标如下:

　　1. 知识与技能目标

　　(1) 理解古典概型及其概率计算公式。

　　(2) 会用列举法计算一些随机事件所含的基本事件数及事件发生的概率。

　　2. 过程与方法目标

　　根据本节课的内容和学生的实际水平,通过模拟试验让学生理解古典概型的特征:试验结果的有限性和每一个试验结果出现的等可能性,观察类比各个试验,归纳总结出古典概型的概率计算公式,体现了化归的重要思想,掌握列举法,学会运用数形结合、分类讨论的思想解决概率的计算问题。

　　3. 情感、态度与价值观目标

　　概率教学的核心问题是让学生了解随机现象与概率的意义,加强与实际生活的联系,以科学的态度评价身边的一些随机现象。适当地增加学生合作学习交流的机会,尽量地让学生自己举出生活和学习中与古典概型有关的实例。使得学生在体会概率意义的同时,感受与他人合作的重要性以及初步形成实事求是的科学态度和锲而不舍的求学精神。

如果这样修改,则避免了如上问题的出现:

　　1. 通过掷硬币、骰子及例1的比较、分析,概括出古典概型的两个特征。

　　2. 从掷硬币、骰子试验的有关概率计算中归纳出古典概型的概率计算公式。

3. 借助问题背景及动手操作，不断体验古典概型的特征(2)，充分认识到它在运用古典概型概率计算公式中的重要性。

4. 在体验将问题转化为古典概型思想的过程中，在尝试用概率知识解析实际问题过程中，形成实事求是的科学态度，增强锲而不舍的求学精神。

四、怎样规范表述一节课的教学目标

了解了制定课堂教学目标的过程之后，我们再来谈谈怎样陈述目标才是规范的。确实，目标陈述的规范至今也没有公认的、统一的标准，但是它必须符合一些要求：第一，目标指向是学生通过学习之后的预期的结果，因此行为主体必须是学生，而不是教师；第二，目标的陈述主要是为了便于后续的评价行为，因此行为动词尽可能要清晰、可把握，而不能含糊其辞，否则无法规定教学的正确方向；第三，有时单靠行为动词无法将目标清晰地表达出来，因此需要一些附加的限制条件，如学习情景、工具、时间、空间等的规定；第四，目标指向全体学生而不是个体学生，同时也是为了便于评价，因此目标的表现程度总是最低要求，而不是最高要求，它只是说明目标所指向的这一群学生最起码达到的标准，它不代表所有学生真正获得的真实的教育结果，前者只是后者的一个部分。

具体地说，行为目标陈述的基本要素有四个：行为主体、行为动词、行为条件和表现程度。如"在1分钟内（条件），学生（主体）能算出（行为动词）至少4道题（表现程度）"。然而，并不是所有的目标呈现方式都要包括这四个要素，有时，为了陈述简便，可以省略行为主体或（和）行为条件，但前提是以不会引起误解或多种解释为标准。

行为主体。教学目标是评价学生的学习结果有没有达到的依据，而不是评价教师有没有完成某一项工作的依据。因此，目标的陈述必须从学生的角度出发，陈述行为结果的典型特征，行为的主体必须是学生，而不能以教师为目标的行为主体。这与原先"教学大纲"的陈述方式是不同的，以往我们习惯采用"使学生……"、"提高学生……"、"培养学生……"等方式都是不符合陈述要求的。尽管有时行为主体"学生"两字没有出现，但也必须是隐含着的。

行为动词。为了便于教学后的评价,行为动词就应该避免运用一些笼统、模糊的术语。如果使用"提高……"、"灵活运用……"、"培养学生……的精神、态度"、"了解"和"掌握"等行为动词,缺乏质和量的具体规定性,评价就无法开展。因此目标所采用的行为动词应该是具体的、明确的、可操作的、可把握的,一句话,应该是可评价的。

行为条件。行为条件是指影响学生产生学习结果的特定的限制或范围。如果没有明确的行为条件,学生最终的学习结果往往就难以评价,因此在描述课程与教学目标时,通常都说明在什么样的条件下达到何等程度的结果。对条件的表述有以下几种类型:一是关于使用手册与辅助手段,如"可以带计算器"或"可以查对数表";二是提供信息或提示,"在2分钟内,能……"、"通过两课时的学习,能记住……"等;三是完成行为的情景,如"在课堂讨论时,能叙述……要点"。

表现程度。教学目标所指向的表现程度通常是指学生通过一段时间学习后所产生的行为变化的最低表现水准或学习水平,用以评价学生的学习表现或学习结果所达到的程度。因此除了行为动词上体现程度的差异外,还可以用其他的方式表明所有学生的共同程度,如假设一道题目有五种解题方案,但作为面对全体学生的标准,不能要求所有的学生都能回答五种解题方案,那么就可以这样来陈述,"至少写出三种解题方案"、"85%的学生都能答出五种解题方案"等。

五、案例重构

课程目标的落实是教师每一节课、每一个单元、每一级学段聚沙成塔、日积月累的结果。有一种耗散结构理论说,初始细小的变化能在以后产生极大的差异,这种"变化"与"差异"之间的关系往往不是以简单的线性相关的方式出现。在落实课程目标的过程中,教学目标就是这样一个行为起点。

以高中数学课教学目标为例。高中数学学科的课程目标是从数学学科的角度规定人才培养的具体规格和质量要求,体现了人文性与工具性的统一,思想性与审美性的统一,是教师实施数学课程教学的指导思想。它的总目标是:"使学生在九年义务教育数学课程的基础上,进一步提高作为未来公民所必要的数学素养,以满足个人发展与社会进步的需要。"具体归纳为6条,这6条不是随意排列的,前4条目标从具体的数学能力培养方面着眼,侧重"知识与能力"和"过程与方法"这两个维度,后2条从数学素养的宏观方面着眼,侧重"情感态度与价值观"。为了全面实现课程目标,高中数学课程分为必修和选修两个系列,每个系列又由若干个模块组成,且每个模块要落实的课程目标有所侧重。因此,备课时要由模块目标开始分析,再到单元目标,由单元目标再到课时目标,只有宏观地把握好上级目标,才能正确地定位本课时的课时目标。

案例6 以我们在第一节所提到的案例《椭圆的定义(第一课时)》为例

模块(解析几何)目标: 进一步形成用代数方法解决几何问题的能力;进一步体会数形结合的数学思想;进一步提高数学表达、交流和应用能力。此目标是课程总目标第1、3、4条的具体细化。

单元(圆锥曲线与方程)目标: 通过圆锥曲线的学习,使学生进一步掌握用代数语言描述几何要素及其关系,进而将几何问题转化为代数问题;处理代数问题,分析代数结果的几何含义,最终解决几何问题;感受圆锥曲线在刻画现实世界和解决实际问题的作用;进一步体会数形结合的思想方法。此目标又是模块目标的具体细化。

在搞清了模块目标和单元目标之后,再决定本课时的课时目标。众所周知,我们不可能在某一课时中完全兼顾本单元的全部目标,总是有所侧重。笔者认为本课时应侧重以下几点:第一,在平面几何中,学生过多地进行了"以形论形"的训练,因此,在解析几何中,教师更要重视学生"以式论形"能力的培养。第二,圆锥曲线来自现实世界,教学时应力求展现由具体到抽象的过程。基于以上认识,确定本节课的课时目标为:

1. 经历从具体情景中抽象出椭圆模型的过程;
2. 掌握椭圆的定义,初步感受椭圆的标准方程。

案例 7　教学内容:棱柱(第一课时)

立体几何的单元目标是:通过直观感知、操作确认、思辨论证、度量计算等方法认识和探索几何图形及其性质;认识空间图形;培养和发展学生的空间想象能力、抽象概括能力、推理论证能力、运用图形语言进行交流的能力以及几何直观能力。根据上位目标决定下位目标的原则,分析本节课的课时目标。由于棱柱的概念,学生在初中时已经有了初步的感知,因此,没有必要花费大量的时间和精力在现实生活中将棱柱的概念抽象出来,故不宜侧重于过程和方法。由于课程对棱柱概念的要求仅仅停留在"了解"这一感性层面,因此,也没有必要把重点落在知识目标上。笔者认为,本节课的重点应放在能力和情感态度上。设计课时目标如下:

1. 以棱柱概念为载体,培养学生用图形语言、数学语言来表达和交流的能力;

2. 了解棱柱的概念,通过对棱柱定义的讨论,培养学生严谨务实的科学态度。

第三章

数学问题情境创设的反思与重构

3.1 现状:问题情境化成为数学课堂教学的显性特征

新一轮数学课程改革倡导"问题情境——建立模型——解释、应用与拓展"的课程模式,苏教版《普通高中课程标准实验教科书·数学》的内容组织主要形式为:问题情境→学生活动→意义建构→数学理论→数学运用→回顾反思。可见,课程改革将问题情境作为数学知识产生的源头,作为数学课堂教学的起点。在现实中,一线数学教师正将这一理念落实在实际数学课堂教学中,新课导入情境化已成为当前数学课堂教学的一个显性特征。表现在:课堂教学中,数学教师主要通过创设现实生活情境引入新课;研讨活动中,执教教师大都阐述创设情境导入新课的教学设计;听课教师也关注问题情境,往往从新课程角度发表自己的看法。

案例 1 "平均变化率"(苏教版选修 2 – 2)研讨片段

执教教师:我的教学设计是从特殊的问题情境出发,再到一般的定义……在教学中,我创设了 4 个问题情境,第一个情境是让学生思考赚钱的快慢,第二个情境是房价变化,第三个情境是股市暴跌,第四个情境是气温变化……

听课教师 1:教师选择的实例贴近生活,很容易吸引学生参与。

听课教师 2:教师在开始创设的情境,都与现实生活密切相关……这完全符合新课标理念。

案例 2　"直线与平面垂直"(苏教版必修 2)研讨片段

> 执教教师由北京天安门广场和旗杆入手,导入直线与平面垂直的课题。
>
> **听课教师:**……教师在直线与平面垂直的概念以及定理教学中,比较注意创设恰当的生活情境,学生看得很清楚明白,比较符合新课程理念,也符合苏教版教材的编排体系。

但是,执教教师新课导入情境化的教学效果有好有差,听课教师的观点也不一致。如何看待这一现象值得我们深入思考。发现问题,解决问题,才能更好地改进。鉴于新课导入情境化的普遍性,有必要反思这一现象。

3.2　反思:数学课堂正创设怎样的问题情境

3.2.1　问题情境的内涵:问题与情境;数学与生活

从"平均变化率"与"直线与平面垂直"的教学及研讨活动中可以看出,一线教师关注的重点是情境,而且这种情境主要是现实情境,是否创设现实生活情境成为课堂教学能否体现新课程理念的具体标准。事实上,这种对现实生活情境的关注,在公开课教学中尤其突出。以 2007 年江苏省高中青年数学教师优秀课观摩与评比活动为例,评优课采用同课异教的方式进行,所有参赛老师同上一个课题——平均变化率。每一位教师都创设了问题情境导入新课,而且每位教师都有 1 个以上的来自于现实生活的问题情境,相对而言,来自数学内部、物理学科等方面的问题情境则很少。由此也就反映出当前新课导入情境化所隐含的问题:关注情境,忽视问题;突出现实背景,弱化数学知识背景。正确认识这种现象是正确实施问题情境教学的关键。

我们知道,数学的发展过程可以看成是以下模式:问题的提出→问题的解决→新的问题的提出→新的问题的解决→……问题的提出与解决对于数学研究至关重要。数学课堂教学是关于数学的教学,因此,数学课堂教学的过程也就是提出问题、解决问题、提出新问题、解决新问题的过程。因此,新课程所倡导的"问题情境"其核心并非是单纯的情境,而是隐含着数学问题的情境,更确切地说,创设情境的意图是为了提出问题。而问题是学生认知所存在的"困难"或"障碍",问题的存在引起学生积极思维,激发学生探究欲望。从而,情境是提出数学问题的背景,从情境中能否提出数学问题,能否产生数学学习要求,是判断问题情境是否恰当的关键。只关注情境而淡化或忽视问题,很容易产生为情境而情境的异化现象。

另外,数学问题也并非一定源于现实生活。事实上,"在数学中研究的不仅是直接从现实世界抽象出来的量的关系和空间形式,而且还研究那些在数学内部已经形成的以数学概念和理论为基础定义出来的关系和形式"[①]。特别是,一些现代数学概念很难找到甚至找不到现实世界中的直观模型,它们与现实世界的距离非常遥远,以致被说成是思维的自由创造。黄翔更明确指出,"数学问题的表现形式是多种多样的,除了外部所提出的问题总是与相应领域的具体意义相联系而表现为实际应用问题之外,就其内部来看有这样四种类型:一种是自然生长问题,即在一定的知识背景下,顺应逻辑的发展和推演所产生并能用原有知识解决的数学问题,各类数学文献及数学教科书中所出现的大都属此种问题……"[②]例如,我们学习了函数概念,然后就要研究其性质,这是数学知识自然发展的需要。可见,并不是所有的数学知识都与现实生活有明显联系,因而,如果对任何数学教学内容都从创设现实生活情境入手导入新课,就难免会牵

① A·D·亚历山大洛夫著,孙小礼,赵孟养,裘光明,严士健译. 数学——它的内容,方法和意义[M]. 北京:科学出版社,2001:65.
② 黄翔. 数学方法论选论[M]. 重庆:重庆大学出版社,1995:53.

强附会。

在此意义下,我们考察"直线与平面垂直"的教学导入片断:

> **师**:我们很多同学到过北京,到过天安门,参加过升旗仪式,假设我们正在北京天安门参加升旗仪式。现在我们来思考一下:旗杆和广场给我们以什么样的形象?(多媒体展示天安门广场图片)
>
> **生**:垂直。
>
> **师**:现在我们将实际问题转化为数学模型,旗杆在数学中表示为什么?
>
> **生**:直线。
>
> **师**:地面呢?
>
> **生**:平面。
>
> **师**:好的。刚才旗杆和地面给我们以垂直的形象,现在直线 AB 与平面 α 就给我们以垂直的形象。这个就是我们本节课所要研究的平面与直线的位置。

对于该导入,教师给出了生活中的垂直现象,也指出了研究课题,但是创设的情境过于简单,不能引起学生认知上的冲突,而且数学问题并不具体明确,学生的探究欲、探究的方向都不明显,因此在此创设的问题情境就有一些牵强。对此,有教师建议,在展示生活情境之后,应明确给出研究问题:直线与平面垂直的定义是什么?该怎样判断直线和平面垂直?另外,对于这种情境导入,也有教师提出,不如直接导入研究课题:"上节课我们学习了直线与平面的位置关系——平行,今天研究另一种重要的位置关系——垂直。"这种导入就是从数学知识的自然发展考虑的。

以上表明,对问题情境的认识不能简单地理解为创设了情境,只关注情境忽视问题,学生难以形成问题意识,提出问题的能力也就薄弱;同时,也不能简单地认为创设的问题情境一定是现实生活情境,只关注现实生活情境,忽视数学知识体系自然衍生的数学问题,学生面对数学就缺乏深入思考的欲望,缺乏探究数学知识的能力,当然也发现不了数学问题,提不出数学问题。这正是调查研究中学生数学问题素养的一些表现。

3.2.2　提出问题的主体:教师与学生

教师注重问题情境的创设,学生是否就能够提出数学问题?

正弦定理是高中数学学习的重要内容,它是初中数学解直角三角形的延伸。正弦定理揭示了三角形边与角之间的数量关系,沟通了代数和几何这两大数学分支,在中学数学课程体系中占据着相当重要的地位。不同的教师对正弦定理的导入设计往往有着很大不同。以下两个教学案例是我们深入一线课堂录制的数学常态课,以两位教师"正弦定理"的课题导入为案例,来分析探讨上述问题。

一、课题导入实录[①]

我们分别把两位教师记作教师甲、教师乙。

1. 教师甲的导入实录

师:在必修四中我们学习了三角函数的知识,请大家回忆一下,三角函数值是如何表示的?

生:线段长度之比。

(学生自由讨论,回答问题)

教师根据学生回答板书:

①$A+B+C=180°$;

②$a+b>c$, $a-b<c$;

③$a>b \Leftrightarrow A>B$。

师:从角角关系到边边关系再到边角关系,结合三角函数知识,能否得到更精

---

① 高银,吴晓红. 什么是有效的课题引入——基于两节正弦定理课的比较分析[J]. 江苏教育学报(自然科学版),2012(6).

细的边角关系?

师: 以△ABC为例,其中有哪些量?

(学生自由讨论,回答问题)

教师根据学生回答板书:

边长;角度;角的正弦、余弦、正切。

师: 三角函数值与边存在什么关系吗? 怎样探究这种关系?

生: 可以采取特例分析,从特殊到一般。

师: 从特殊到一般是很重要的研究方法,针对这一情境我们该怎么处理?

生: 取一个特殊的三角形,比如直角三角形,观察上述量的关系问题。

教师画出 Rt△ABC,其中 $C = 90°$。

学生讨论,教师根据学生回答板书:

① $\sin A = \dfrac{a}{c}$, $\sin B = \dfrac{b}{c}$, $\sin C = 1$;

② $\cos A = \dfrac{b}{c}$, $\cos B = \dfrac{a}{c}$, $\cos C = 0$;

③ $\tan A = \dfrac{a}{b}$, $\tan B = \dfrac{b}{a}$, $\tan C$ 不存在。

师: 我们先看①,有何发现?

生: A,B 两角的正弦值具有相同的分母,而 C 的正弦值也可以写成是 $\sin C = 1 = \dfrac{c}{c}$,即三者具有相同的分母,分子恰好是三角的对边。

师: 进一步总结,可以得到什么关系?

生: 直角三角形中,各边与其对角的正弦之比相等。

教师板书: $\dfrac{a}{\sin A} = \dfrac{b}{\sin B} = \dfrac{c}{\sin C}$。

师: 对于任意△ABC,这样的一个关系成立吗?

(学生有些疑虑)

师: 这就是本节课我们要探讨的知识——正弦定理。关于②③,我们在以后的学习中将逐渐进行探讨。

2. 教师乙的导入实录

师：先看这样的一个问题。

（多媒体展示）某县为了建设跨河大桥，需要测量河两岸两桥基 A 与 B 点的距离，测量人员在 B 点所在一侧选择 C 点，测得 BC 长为 1 km，测得 $\angle ACB = 102.4°$，$\angle ABC = 74.5°$，能确定桥基 A、B 间的距离吗？

师：遇见这样一个实际问题，我们如何处理？

生：建立数学模型，将实际问题转化为数学问题。

生：可转化为，在△ABC 中，已知 $\angle B = 74.5°$，$\angle C = 102.4°$，$BC = 1$ km，求 AB。

师：这是怎样一类数学问题？

生：已知三角形中，给出两角及其夹边，求另一边。

师：如何解决这样一类问题？可以采用什么方法探究？

生：由特例入手，从特殊到一般。

生：先考查直角三角形中的情形。

师：很好，我们以正弦函数为例，看看边角之间存在怎样的联系？

（学生自由讨论）

教师根据学生回答板书：

$$\sin A = \frac{a}{c},\ \sin B = \frac{b}{c},\ \sin C = 1.$$

师：有什么联系或者相同点？

生：A，B 两角的正弦值具有相同的分母，而 $\sin C = 1 = \frac{c}{c}$，它们具有相同的分母，分子都是角的对边。

生：直角三角形中，各边和它对角的正弦之比相等。

教师板书：$\frac{a}{\sin A} = \frac{b}{\sin B} = \frac{c}{\sin C}$。

师：那么对于一般的三角形，等式是否仍然成立？我们先利用几何画板看一看几个一般三角形的情况。

师：这就是本节课我们要一起探讨的课题——正弦定理。

二、分析与思考

从中看出，两位教师创设了不同的问题情境：

教师甲偏重于数学本身的问题情境。通过引导学生对三角函数的知识进行复习，将学生的视线集中到三角形中内角三角函数值与边长关系的探究之中，再由从一般到特殊的数学解题思想，激发学生探究的兴趣。三角函数知识为学生"发现"数学"规律"提供了基础，使学生经历定理的"再创造"，在一定程度上体现了知识在学科内部的"生长过程"。这样的一个"生长过程"，引领着学生进行自主探索，提高了学生的数学思维水平和解题能力。

教师乙偏重于现实生活的问题情境。教师从实际生活出发构建问题情境，激起了学生对三角形边角关系探究的动机，进而引导学生建立数学模型，将实际问题转化为数学问题，学生在教师不断的引导中探索新知。这样一个实际问题的情境创设，往往有助于激发学生的学习动机引发学生探索的兴趣，体现了数学学科源于生活又服务于生活的特点。

表面上看，正弦定理的教学创设了问题情境，提出了数学问题，顺利地引出了新课。但进一步看，无论是数学内部的问题情境还是现实生活情境，一个共同的特点就是，教师只是将创设的问题情境作为引出课题的一个背景，而忽视了创设问题情境的一个重要问题：提出问题的主体是谁。教师甲在导入过程中共提出 8 个问题，教师乙提出 7 个问题，但是提出问题的主体是教师而不是学生。教师情境导入的过程就是师问——生答的过程，通过教师不断问，学生不停答，一步一步引出课题。

这样的问题情境，其创设的重点是教而不是学，是教师在情境中不断提出问题，而不是学生不断提出问题，是教师引导出教学课题，而不是学生由困惑产生学习问题。这样的教学，学生没有提出问题的意识，特别是对于开放性的和事实性的情境描述，学生更是发现不了问题,当然也提不出数学问题。调查研究中所反映的学生问题素养的情况充分说明了这一点。

3.2.3　问题情境的内容:情境内容,学生经验内容与数学内容

在与一线数学教师教学研讨中我们发现,执教教师在教学设计时首先思考的是:选取哪些素材创设情境? 哪些情境可以激发学生的兴趣? 于是,神舟七号飞船、奥运会题材、股票等都成为教师选取的典型内容。听课教师评价的视角,主要从创设的情境是否是现实生活的内容、是否为学生所熟悉等角度进行点评,如:"从神舟七号飞船上天导入向量的分解,具有时代性,学生也很熟悉。"

可见,大部分教师设计问题情境的重点是情境内容,或者说是情境素材的选取。教师思考的主要问题是:是否创设了具体、生动、直观的情境? 选取哪些生活素材? 这些素材是否为学生所熟悉? 是否激发了学生的兴趣? 而且这些情境内容的设计、素材的选取,主要是基于教学法的考虑:从学生所熟悉的、感兴趣的生活情境入手,便于学生理解、接受。

由此我们看到,问题情境的创设事实上涉及了三种不同的"内容"[①]:情境内容;学生经验内容;数学内容。情境内容是指教师创设问题情境选取的素材,例如神舟七号卫星上天的素材;学生经验内容是指学生所具有的知识和经验,例如学生从电视报纸以及与同学交流中知道了神舟卫星上天的事实,对神舟卫星上天有了一点感性认识;数学内容是指学生在课堂中学习的数学知识、思想方法,即教材中的数学教学内容。

许多教师思考的重点在于创设什么情境内容,以及从教学法的角度如何创设情境。前者主要为了将情境内容与学生经验内容建立联系,后者主要是考虑学生的可接受性。无论哪种考虑,其情境的选择主要是在学生熟悉的内容基础上创设情境,考虑学生的了解情况,激发学生的学习兴趣。比如,"从神舟七号飞船上天导入向量的分

---

① 吴晓红,刘洁,谢明初,袁玲玲,乔健. 现状、反思与构建:数学新课导入情境化[J]. 湖南教育,2009(4).

解,具有时代性,学生也很熟悉",就是为了将情境内容与学生的经验建立起联系,由"天安门广场的旗杆与广场"引入,也是基于学生对这一情境较为熟悉,学生能够根据自己的经验知识了解情境内容。

以下是"向量的分解"的教学片段:

师:08 年是不平凡的一年,神七问天,让世人瞩目。让我们重温那振奋人心的一刻。(播放神舟七号飞船上天录像,从点火倒计时,到上天后火箭在天上的飞行,中间还有三位宇航员在飞船中的镜头,最后定格于火箭倾斜于空中的画面)

师:在此刻将录像定格。此时神舟七号有一个倾斜向上的速度,我们可以把它分解为水平和垂直两个方向的分速度。(教师操作计算机键盘对向量进行了分解)

······

课后,我们针对这节课的导入内容与学生进行了个别交流。绝大部分学生已不记得导入的内容,只记得由神舟七号导入的,至于导入出了什么结果? 本节课与神舟七号有何关系? 学生基本不知道。看来,创设这一情境的确能够吸引学生的兴趣,但是课后调查表明,学生的兴趣点在神舟七号而不是向量,或者说没有在神舟七号和向量之间建立起联系。另外,神舟七号的信息量太大,学生难以从中发现数学问题,也难以从中"看到"要学习的数学内容。从根本上说,在于教师考虑的主要是情境内容的时代性,以及学生的兴趣,而没有注意到情境内容与数学内容的直接相关性。

由此,当前的情境化导入也就表现出这样的状况:重视情境内容与学生经验内容的联系,忽视数学内容与学生经验内容以及情境内容的联系;重视从教学法角度选材,忽视考虑数学学科本身的特性。这从另一个角度再次证实了调查研究的结果:学生能够从所熟悉的生活情境中提出数学问题,但是对于较为开放性的、没有明确问题指向的情境,难以提出数学问题。

3.3 重构:实施有效问题情境教学

3.3.1 正确认识问题情境

一、什么是问题情境

国内外许多学者都对问题情境研究过,心理学大都将问题情境看作是一种心理状态,一种当学生接触到的学习内容与其原有认知水平不和谐、不平衡,学生对疑难问题急需解决的心理状态。[①] 也有人认为问题情境是一种特殊意义的教学环境,这种教学环境除了物理意义上的存在外,还有心理意义上的存在。[②] 还有将问题情境视为一种特殊的情境,是通过外部问题和内部知识经验的恰当程序的冲突,使之引起最强烈的思考动机和最佳的思维定向的一种情境。[③] 已有探讨对于我们认识问题情境、创设问题情境教学有很大启发。

我们认为,深刻理解问题情境的内涵与外延是正确认识问题情境、进而正确实施问题情境教学的关键。[④]

从其内涵来看,问题情境是问题与情境的复合,主要体现为情境的问题化,问题的情境化。所谓情境的问题化是指,问题情境的创设必须以问题为核心,情境中要蕴含数学问题,没有问题,学生就不会产生心理困惑,也就不会产生学习欲望;所谓问题的情境化是指,问题情境的创设要将数学问题置于适当的情境中,利于学生的意义建构,情境是问题依托的背景。

① 王较过. 物理探究教学中问题情境的创设[J]. 天津师范学大学学报(基础教育版),2008(2).
② 李和中. 关于问题情境的两点思考[J]. 湖南教育,2004(2).
③ 肖秀梅. 数学问题情境教学模式设计初探[J]. 中国成人教育,2008(9).
④ 吴晓红,刘洁,谢明初,袁玲玲,乔健. 现状、反思与构建:数学新课导入情境化[J]. 湖南教育,2009(4).

从外延来讲,问题情境主要表现为多样化的特点。由于数学问题主要源于现实世界的需求和数学内部发展的需要,数学问题有不同的表现形式,因此,我们所创设的问题情境既可以是现实情境,也可以是数学情境,可以是数学知识自然生长的情境,也可以是数学与其他学科关系的情境,此即问题情境的多样化。

PISA试题的一个突出特点是强调问题所蕴含的背景,根据与学生实际生活的距离远近,划分为五种情境:个人的、教育的、职业的、公共的以及科学的情境。这些情境都应该成为创设问题情境教学的背景,是问题情境多样化的表现。

把握情境的问题化、问题的情境化以及问题情境的多样化,才能更有效地创设问题情境。

二、为何创设问题情境

没有目的的教学是盲目的,不明确问题情境创设的目的而创设问题情境,其结果只能是形式上的、点缀性的,不能发挥问题情境的作用,甚至会起副作用。

就导入新课而言,创设问题情境的目的主要有以下方面:一是激发学生学习数学的兴趣;二是沟通数学与现实生活之间的联系;三是培养学生的问题意识以及提出问题的能力;四是培养学生抽象概括能力、数学建模能力;五是提供问题解决、新知识运用的情境。更根本的,所有这些目的都应服务于数学知识的掌握、数学教学目标的达成。

由此,我们对问题情境的内涵有了更进一步的认识,即创设的问题情境是激发学生探究数学知识的欲望,而不是引发学生对其他知识产生兴奋;是体现了数学化思想的问题情境,而不是生活化的问题情境;是与学生原有知识和经验相联系的问题情境,而不是学生陌生、难以理解的情境;是学生能够产生问题、提出问题的导入方式,而不仅仅是数学背景材料呈现的方式;是反映了数学思维过程、蕴涵着数学思想方法的问题情境,而不是情境内容与数学内容的割裂;是贯穿于发现问题、提出问题、分析问题以及解决问题这一课堂教学始终的情境,而不是仅仅作为敲门砖的问题情境。

三、什么是一个好的问题情境

什么是一个好的问题情境? 不同的人依据不同的标准可以给出不同的观点,诸如,创设的情境要具有现实性;启发性;趣味性;接近性;问题性;开放性;思考性;生成性;数学味,等等。这些观点都有助于对问题情境的理解,但仅仅列出这些特点还不够。

前面的分析表明,问题情境的创设事实上涉及了三种不同的"内容":情境内容;学生经验内容;数学内容·情境内容是指教师创设问题情境选取的素材;学生经验内容是指学生所具有的知识和经验;数学内容是指需要学习的数学知识。由于数学教学是关于数学内容的教学,而问题情境的创设也是为了使学生掌握数学内容,所以情境的创设不仅应从教学上考虑,还应结合数学内容本身的特点。情境内容不仅应联系学生经验内容,而且应密切联系数学内容,通过情境内容的中介,使得学生经验内容与数学内容建立联系,使得数学内容成为学生经验内容的一部分。

因此,一个好的问题情境,应该是三种情境的融合,它满足了现实性、趣味性、接近性、问题性、思考性、生成性等特点。因此,正确把握情境内容、学生经验内容以及数学内容三者之间的关系,才能创设好的问题情境。

弗莱登特尔是国际著名的数学家、数学教育家,他的数学教育理论从数学教育实际出发,立足于数学本质,因而对数学教育有更强的针对性和启发性。他的"现实数学"思想对我们理解问题情境的三种内容具有指导意义。

弗莱登特尔认为[①],数学源于现实并寓于现实,但是"现实"并不等同于实际的社会生产活动。每个人都有自己的"数学现实",不一定限于客观世界的具体事物,也可以包括各种层次的抽象的数学概念及规律。诸如:学生的"实际"知识有多少? 学生的"数学水平"有多高? 学生的"日常生活常识"有多广? 都是教师应该面对的"现实"。数学教育的任务就在于,随着学生们所接触的客观世界越来越广泛,应该确定各类学生在不同阶段必须达到的数学现实,并且根据学生所实际拥有的数学现实,采取相应的方法予以丰富,予以扩展,从而使学生逐步提高所具有的数学现实的程度并扩充其范围。

---

① 张奠宙,唐瑞芬,刘鸿坤. 数学教育学[M]. 南昌:江西教育出版社,1997:176—208.

可以看出,弗莱登特尔的数学现实既反映了学生已有的知识经验,也反映了客观现实的情境内容。从而,数学问题情境就要根据学生的数学现实来创设,问题情境设计的重点不是考虑数学内容与生活中哪些现实情境有关,也不是考虑哪些现实情境学生感兴趣,而是思考数学内容怎样与学生的数学现实联系起来。

另外,弗莱登特尔主张,客观现实材料和数学知识体系是融为一体的。因此,创设的情境内容就不能与数学内容相割裂,不能将问题情境仅仅作为敲门砖。如果在导入新课之后丢掉情境,那么这种情境就是形式上的,"节外生枝"式的,很牵强附会。

因此,数学问题情境的创设,并非仅仅是教学上的考虑,也是数学知识本性所决定的。数学问题情境的创设要建立在学生的"数学现实"基础上,将客观现实和数学知识融为一体。

以此为指导,我们来看以下教学案例:

案例3 平均变化率

执教教师:江苏省海州高级中学 乔 健

教学过程

引语(幻灯:运动的地球 课题 平均变化率):

世界是运动变化的世界,地球是运动变化的地球,应该说在我们的生活中,变化是不变的主题!而变化既有惊险的"飞流直下",又有悠闲的"青烟袅袅"。如何数学地刻画变化的快慢,这是我们这节课研究的问题。

教学活动与情境

(1)活动

甲乙两人经营同一种商品,甲挣到10万元,乙挣到2万元,你能评价甲、乙两人的经营成果吗?

甲乙两人经营同一种商品,甲用 5 年时间挣到 10 万元,乙用 5 个月时间挣到 2 万元。你能评价甲、乙两人的经营成果吗? 为什么?

结论:仅考虑一个变量的变化是不行的,赚钱的快慢不仅是由赚钱的多少来决定的,而应该用赚得的钱与所用时间的比值来刻画。

(2) 情境 1:某城市 1995—2007 年的房价变化情况图(多媒体课件)

问题:分析房价变化的图像特征如何? 为什么说最近几年房价暴涨?

结论:在较长时间(1995—2005 年)内,房价缓慢升高,曲线平缓;在 2005—2007 年较短的时间内,房价陡增,曲线陡峭。

(3) 情境 2:股指暴跌(多媒体课件)

问题:股指暴跌的图像特征如何? 如何从数学角度刻画股指跳水?

结论:虽然中间有反复,但整体上,图形呈快速下行态势;可以通过一定时间内的股指变化量与时间的关系进行刻画。

(4) 情境 3:某城市 3—4 月间气温变化图(多媒体课件)

问题 1:观察上述某市的一段时间的气温曲线图,身临其境地谈谈对这些天气温的感受?

结论:在较长时间内气温缓慢升高,即气温变化慢,在较短时间内气温陡增,即气温变化快。徜徉在春光明媚之中,一步跨入了烈日炎炎的夏天。

问题 2:用什么来刻画气温变化的快慢? 能否用温差的大小来刻画? 还跟什么有关?

结论:气温变化的快慢不仅与温差有关,还跟经历的时间长短有关。

问题 3:哪一段曲线更陡峭? 曲线的陡峭程度与气温升高的快慢关系如何?

结论:BC 段曲线更陡峭;曲线陡峭,气温变化快;曲线平缓,气温变化慢。

问题4:在数学上,用什么量来刻画直线的陡峭程度? 由点 B 上升到点 C,仅仅考察 $y_C - y_B$ 的大小,够吗? 还需考察哪些量?

结论:用直线的斜率来刻画直线的陡峭程度(或者倾斜角等)。

问题5:$y_C - y_B$ 与 $x_C - x_B$ 之间用怎样的关系式可以量化 BC 段的陡峭程度?

结论:从图像上看,曲线 BC 非常逼近线段 BC,联想到量化直线倾斜程度的是斜率,因此我们用比值 $\dfrac{y_C - y_B}{x_C - x_B}$ 来量化 BC 段曲线的陡峭程度,把这个比值称为气温在区间 $[32,34]$ 上的平均变化率。

至此,我们由特殊到一般得到了函数平均变化率的定义。

可以看出,执教教师十分重视现实情境的创设,目的在于激发学生的兴趣,揭示生活中存在着数学,但是忽视了学生的数学现实,股票知识超出了学生的理解,股票的情境内容就可能成为学生认知上的障碍。另外,情境所呈现的房价变化、股市涨跌等内容与平均变化率的数学知识并没有融合在一起,这些情境就有装饰、点缀之嫌。由于教师创设的气温变化情境以问题串的形式,引导学生逐步探索出抽象的数学概念,较好的将现实情境与数学知识融合起来,而且气温变化是学生所能够感受的数学现实,因此,如果突出气温情境,舍去其他情境,不仅节省了时间,而且更利于数学内容的学习。

3.3.2 实施有效的问题情境教学

一、有效问题情境教学的特征

没有理论指导的实践是盲目的,没有实践基础的理论是空洞的。在阐明问题情境教学的基础上,我们提出了若干实施有效问题情境教学的特征。

1. 内隐数学问题是实施有效问题情境教学的核心内涵

数学课堂教学的过程是提出问题、解决问题、提出新问题、解决新问题的过程,创设问题情境的意图是为了引导学生提出问题。因此,隐含数学问题是实施有效的问题情境的核心要素。数学问题情境的选择既可以来源于现实生活,也可来源于数学知识内部的自然发展,两种方式没有孰优孰劣的区分,只存在哪种方式更合适的问题。在教学中,教师应该视具体的教学内容灵活决定从何角度设计和选取问题情境,不管选用何种引入方式,始终要把握的原则是通过你设计和选取的问题情境要能引起学生积极思维,使学生的已有水平和教师要求学生达到的水平之间产生认知冲突,从而激发学生探究欲望,让学生从情境中提出数学问题,产生数学学习的要求。

2. 引导学生提出问题是实施有效问题情境教学的必要环节

新一轮数学新课程改革注重学生学习方式的根本性转变和变革。《普通高中数学课程标准》在课程的基本理念、内容标准和实施建议中多处提及注重学习范式的转换。在评价方式建议部分明确指出,在对学生日常数学学习活动进行评价时,要关注学生是否具有问题意识,是否善于发现和提出问题。因此,引导学生提出问题是实施有效问题情境教学的必要环节。我们应把学生是否具备问题意识,能否发现问题并解决问题作为评价问题情境教学是否有效的终极考量点。课堂是学生的课堂,因此教师在教学过程中要把课堂还给学生,把自己的精力稳稳地放在引导、维持和促进学生提出问题和解决问题上。

3. 问题情境外延多样化是实施有效问题情境教学的基本方式

数学问题主要来源于现实世界的需求和数学内部发展的需要,数学问题有不同的表现形式,因此,我们所创设的问题情境既可以是现实情境,也可以是数学情境,可以是数学知识自然生长的情境,也可以是数学与其他学科关系的背景。PISA 试题划分的五种情境:个人的、教育的、职业的、公共的以及科学的情境都应成为创设问题情境教学的背景。因此,问题情境外延多样化是实施有效问题情境教学的基本方式。

4. 三种情境内容的融合是实施有效问题情境教学的内在诉求

前面的理论分析表明,问题情境的创设事实上涉及了三种不同的"内容":情境内容、学生经验内容与数学内容。忽视任何一个情境内容都不应当成为有效的问题情境教学。

这就要求教师在设计和选取问题情境的素材时,应充分考虑学生的已有知识、认知水平和学习经验,以学生的原有认知和经验作为新知学习的重要生长点,有效激活学生的原有认知,使情境内容与学生的经验内容产生非人为的、本质的联系,促进学生学习活动的有效实施。因此,三种情境内容的融合是实施有效问题情境教学的内在诉求。

根据上述分析,我们就可以认定评价问题情境教学是否有效的四条标准为:问题情境隐含数学问题、问题情境能引导学生自己提出问题、问题情境外延多样化、问题情境为情境内容、数学内容和学生经验内容的融合。

二、有效问题情境教学设计

以下我们将以问题情境的相关理论与特征为指导,以教学设计或课堂案例的方式,分析实施有效的问题情境教学的四条基本特征分别在概念课和公式课中的体现。

案例 4   等比数列的通项公式

教学目标:

1. 能说出等比数列的定义;

2. 能根据给定前几项写出等比数列的通项公式;

3. 能类比等差数列的性质提出等比数列的相关性质(至少两个)并进行研究。

教学过程:

(一)教师呈现材料:

材料1:斐波那契是中世纪意大利著名的数学家,他在 1202 年写了《计算之书》一书,是当时风靡一时的数学教科书。兔子数列就是其中一章的一个数学问题,在书中还有另外一个有趣的问题:7 个妇女去罗马,每个人牵着 7 匹骡子,每匹骡子负 7 只麻袋,每只袋子装 7 块面包,每块面包配有 7 把小刀,每把刀配有 7 个刀鞘,问妇女、骡子、面包、小刀和刀鞘各多少?

材料 2:我国古算书《孙子算经》中有一个以 9 为首项,9 为公比的等比数列问题"出门望九堤":今有出门望见九堤,堤有九木,木有九枝,枝有九巢,巢有九禽,禽有九雏,雏有九毛,毛有九色。问各有几何?

(二) 材料的分析与思考

问题 1:把各例中的各个量按顺序排列成数列,这些数列是等差数列吗? 为什么?

问题 2:这些数列虽然不是等差数列,但能否像等差数列一样找出它们的共同特征? 如果请你给这个数列命名,你会如何命名?

问题 3:能否类比等差数列的定义,给出等比数列的定义?

(问题情境隐含数学问题——引出本节课研究的第一个问题:等比数列的定义)

问题 4:类比研究等差数列的全过程,接下来我们应该研究什么? 怎么研究?

(问题情境为情境内容、数学内容和学生经验内容的融合——问题情境中隐含数学问题,问题情境与学生先前研究等差数列的过程性经验相融合,使得情境内容与学生的经验内容产生非人为的、本质的联系,自然生成本节课的数学内容)

问题 5:本课我们先处理同学们提出的第一个问题:等差数列的通项公式及其相关性质。

给学生 20 分钟进行自主学习和合作交流,要求:

(1)类比建构等差数列通项公式的思路,尝试给出等比数列的通项公式,并给出推导过程;(2)类比等差数列通项公式相关的几个性质,给出等比数列通项公式的相关性质(至少两个),并给出证明。

（问题情境能引导学生自己提出问题，通过唤醒学生的经验内容，尝试利用类比的数学思想方法提出相关问题、分析问题从而解决问题）

案例 5　　直线与圆的一组切线问题的研究

1. 课堂实录（节选）

师：我们一起来研究一个问题，已知圆方程为 $x^2 + y^2 = r^2$，求过圆上一点 $P(x_0, y_0)$ 所作的圆的切线方程。有一个要求，先从基本方法入手研究，而后再思考有没有其他解法。

（问题情境隐含数学问题、问题情境外延多样化——以数学知识的自然生长作为情境）

生 1：研究圆的切线问题的基本方法是斜率法。（板书内容）

(i) 当 $x_0 \neq 0$，$y_0 \neq 0$ 时，$k_{oP} = \dfrac{y_0}{x_0}$，$k_l = -\dfrac{x_0}{y_0}$，则切线方程为：$y - y_0 = -\dfrac{x_0}{y_0}(x - x_0)$，变形可得：$x_0 x + y_0 y = r^2$；

(ii) 当 $x_0 = 0$ 时，此时 $y_0 = \pm r$，当 $y_0 = r$ 时，此时切线方程为 $y = y_0 = r$，满足 $x_0 x + y_0 y = r^2$；当 $y_0 = -r$ 时，此时切线方程为 $y = y_0 = -r$，也满足方程 $x_0 x + y_0 y = r^2$；同理可知：当 $y_0 = 0$ 时，切线方程也满足 $x_0 x + y_0 y = r^2$。

所以切线方程为 $x_0 x + y_0 y = r^2$。

生 2：可以利用直线与圆相切的代数方法研究。当直线斜率存在时，设直线方程为 $y - y_0 = k(x - x_0)$，而后将直线方程与圆方程联立成方程组，消元转化为 x 的一元二次方程，利用 $\Delta = 0$ 可求出切线斜率为 $k_l = -\dfrac{x_0}{y_0}$，下面的步骤和生 1 一样。

生 3：还可以考虑直线与圆相切的几何方法，当直线斜率存在时，设直线方程为 $y - y_0 = k(x - x_0)$，根据直线与圆相切，也可以求出 $k_l = -\dfrac{x_0}{y_0}$，以下和生 1 一样。

生 4：可以利用向量法研究。设切线上任意一点坐标为 $Q(x, y)$，仍然利用过圆上一点的切线的重要性质可得 $\overrightarrow{OP} \cdot \overrightarrow{PP'} = 0$，经过坐标运算后得到切线方程 $x_0 x + y_0 y = r^2$。

师：很好！通过几种方法的比较，大家可以体会向量法作为一个工具在高中数学中所起的举足轻重的作用，用向量法研究垂直关系有其独特的优越性，可以避免对斜率的分类讨论，从而大大简化计算和推导过程。我们再转换一个思路和视角，能否从切线的定义和生成方式出发给出本题的解法？思考一下切线是如何生成的？切线斜率是如何生成的？

生 5：用割线逼近切线的方法生成的切线，切线斜率也是通过割线斜率逼近得到的。

板书内容：设曲线上有异于 P 的一点 $Q(x_1, y_1)$，则割线 PQ 的斜率为 $k_{PQ} = \dfrac{y_0 - y_1}{x_0 - x_1}$，当 $y_1 \to y_0$，$x_1 \to x_0$ 时，此时 $k_{PQ} = \dfrac{y_0 - y_1}{x_0 - x_1} \to \cdots\cdots$

（写到此处不知道接着如何处理）

师：既然这个极限不好研究，能不能换个方法表示这条割线的斜率，回想在解析几何中已知弦与圆锥曲线的两个交点坐标还可以怎么求弦的斜率？

生 5：点差法：$\begin{cases} x_1^2 + y_1^2 = r^2, \\ x_0^2 + y_0^2 = r^2, \end{cases}$ 相减得：$(x_1 - x_0)(x_1 + x_0) +$

$(y_1 - y_0)(y_1 + y_0) = 0$，$k_{PQ} = \dfrac{y_0 - y_1}{x_0 - x_1} = -\dfrac{x_0 + x_1}{y_1 + y_0}$，当 $y_1 \to y_0$，$x_1 \to x_0$，

$k_{PQ} = \dfrac{y_0 - y_1}{x_0 - x_1} = -\dfrac{x_0 + x_1}{y_1 + y_0} \to \dfrac{x_0}{y_0}(y_0 \neq 0)$，切线方程为 $x_0 x + y_0 y = r^2$，

当 $y_0 = 0$ 时也满足 $x_0 x + y_0 y = r^2$。

师:不错! 也许在大家看来定义法求切线没有向量法优越,老师引入定义法求切线主要是基于三点考虑:第一,数学解题有时候真会走入"穷途末路",什么技巧、什么方法都行不通,那么这个时候我们不妨回到问题的起点,回归问题的本源,返璞归真,往往会找到解决问题的方法;第二,在运算过程中如果直接用两点表示割线斜率我们发现不容易求极限值,这里利用点差法将斜率换了一种形式表示;第三,运算过程始终抓住"整体运算"的思想和方法。接着我们可以考虑对结论作进一步研究和拓展,请同学们分别作横向和纵向思考:

(1) 横向思考:将圆的圆心变为 (a, b),结论如何? 将圆方程变为一般式方程,结论如何? 能否从结论中得到圆的一组切线公式的生成方式?

(问题情境为情境内容、数学内容和学生经验内容的融合——问题情境与学生先前获得的研究的圆的切线问题的经验相融合,自然生成横向思考题的研究方法)

(2) 纵向思考:能否将情境中的圆变为圆锥曲线(椭圆、双曲线和抛物线)呢? 如果可以,请类似地给出相应结论,并给出证明。

(问题情境能引导学生自己提出问题——唤醒学生的经验内容,尝试利用类比的数学思想方法提出相关问题、分析问题从而解决问题)

3.4 一个反思与重构的教学案例

为深入课堂一线开展实践研究,我们成立了高校与中小学共建的教学科研联合体,成员由高校专家、中学特级教师、数学教研员、一线数学教师等组成。

以下是我们教学科研联合体开展数学教学研讨活动中的一个案例。

教研活动先由一线教师现场执教,然后一线教师阐述自己的教学设计理念,教学科研联合体成员共同针对这节课进行研究,分析和评价教学设计、过程、效果,探讨数学课堂教学有效性的实施途径。一线教师根据诊断结果进行教学重构。以下就是执教教师在执教以后,对教学设计部分内容进行反思与重构的结果。

1. 教学反思

(1) 教学重难点的设计与安排

通过对整章知识体系的理解,发现"平均变化率"仅仅是个辅助性概念,它是为"导数"这个核心概念作铺垫的,当然这其中过渡性概念是"瞬时变化率"。因此我教学设计的重点是理解平均变化率的概念,为"从平均变化率到瞬时变化率"的知识构建埋下伏笔,引入"逼近"概念,通过化曲为直的数学思想的理解,突出如何让平均变化率刻画变化的快慢由"粗糙"逼近"精确",同时引出这将是研究导数的基础,为学生理解"平均变化率"知识的引入在整章知识构建中的地位打下基础。在研究教学任务中,我分析的教学难点为平均变化率概念的深层次理解;但在教学的过程中,自己感受教学难点却应该是平均变化率概念的得出,显得不自然,不和谐。

(2) 活动与情境的安排、设计

在教学设计时,我最初设计了一个活动和三个情境。其中活动为:

甲乙两人经营同一种商品,甲用 5 年时间挣到 10 万元,乙用 5 个月时间挣到 2 万元。你能评价甲、乙两人的经营成果吗? 为什么?

设计意图是:这是课后习题,也是学生熟悉的问题,能较快地解决,同时也有利于引出本节课的核心概念"平均变化率"。从上课效果看也确实达到了我预想的目标,但课后点评后才发现,这一问题缺乏科学性,有待修改。经反复思考,觉得改为:"甲乙两人经营同一种商品,甲挣到10 万元,乙挣到 2 万元,假设资本在单位时间的扩张速度保持不变,如何比较和评价甲、乙两人的经营成果?"引发学生讨论,可能效果会更好。

而对于三个教学情境:房价、股指、气温,最初的设计是房价的变化曲线图整体成上升的感觉,引出陡峭和平缓的图像特征;股指的变化曲线整体成下跌的趋势,引出股指或涨或跌;通过对气温变化曲线图得出平均变化率的概念。从上课的效果上看,也还可以,但整体显得累赘,不是太流畅。其中情境一、二作用不大,并且显得多余,与学生的生活距离较远,修改过后,只保留情境三,其余相关的情境与知识,可以在平均变化率后面的点评中,适当地引入、分析。

(3) 教学过程的整体设计与把握

整体的教学设计是由特殊到一般,再引申到特殊:特殊的情境引出一般的平均变化率概念,再回到特殊的例题上,得出平均变化率的正负问题、平均变化率的绝对值大小问题、一次函数的平均变化率规律、瞬时变化率的逼近思想引入等。课题的引入由旋转的地球开始,进入学生感兴趣的赚钱快慢问题,逐步地引发学生思考,掌握知识。在教学的实际过程中,应该把地球的情境问题与化曲为直的思想渗透有机地结合起来,做到前后呼应。

2. 教案修改稿

教学过程

引语(幻灯:运动的地球 课题 平均变化率)

世界是运动变化的世界,地球是运动变化的地球,应该说在我们的生活中,变化是不变的主题! 而变化既有惊险的"飞流直下",又有悠闲的"青烟袅袅"。如何数学地刻画变化的快慢,这是我们这节课研究的问题。

教学活动与情境

(1) 活动

甲乙两人经营同一种商品,甲挣到 10 万元,乙挣到 2 万元,假设资本在单位时间的扩张速度保持不变,如何比较和评价甲、乙两人的经营成果?"(设置不同的条件,展开讨论,积极地引导得出用比值来刻画)

结论:仅考虑一个变量的变化是不行的,赚钱的快慢不仅是由赚钱的多少来决定的,而应该用赚得的钱与所用时间的比值来刻画。

(2)情境:某城市3—4月间气温变化图(多媒体课件)

问题1:观察上述某市的一段时间的气温曲线图,身临其境地谈谈对这些天气温的感受?

结论:在较长时间内气温缓慢升高,即气温变化慢,在较短时间内气温陡增,即气温变化快。徜徉在春光明媚之中,一步跨入了烈日炎炎的夏天。

问题2:用什么来刻画气温变化的快慢?能否用温差的大小来刻画?还跟什么有关?

结论:气温变化的快慢不仅与温差有关,还跟经历的时间长短有关。

问题3:哪一段曲线更陡峭?曲线的陡峭程度与气温升高的快慢关系如何?

结论:BC段曲线更陡峭;曲线陡峭,气温变化快;曲线平缓,气温变化慢。

问题4:在数学上,用什么量来刻画直线的陡峭程度?由点 B 上升到点 C,仅仅考察 $y_C - y_B$ 的大小,够吗?还需考察哪些量?

结论:用直线的斜率来刻画直线的陡峭程度;(或者倾斜角等)

问题5:$y_C - y_B$ 与 $x_C - x_B$ 之间用怎样的关系式可以量化 BC 段的陡峭程度?

结论:从图像上看,曲线 BC 非常逼近线段 BC,联想到量化直线倾斜程度的是斜率,因此我们用比值 $\dfrac{y_C - y_B}{x_C - x_B}$ 来量化 BC 段曲线的陡峭程度,把这个比值称为气温在区间 $[32, 34]$ 上的平均变化率。

至此,我们由特殊到一般,得到了函数平均变化率的定义。

第四章

数学探究活动教学的反思与重建

4.1　现状:教学过程探究化成为数学课堂的显性特征

《全日制义务教育数学课程标准(实验稿)解读》指出:"数学教学是数学活动的教学。""数学活动是学生经历数学化过程的活动。"①《普通高中数学课程标准(实验)解读》进一步指出:"数学教学活动应是经历数学化、再创造的活动过程。"②这表明,数学活动教学是新一轮数学课程改革的核心理念。当前的数学教学正将这一理念物化在数学教学中,凸显出教学过程探究化的特征,主要表现为:在教学过程中,注重让学生经历数学探究的过程,或者让学生观察实验,或者让学生动手操作,或者学生自己探究,等等。当然,是否有学生的探究活动、是否注重学生的操作活动也成为教学研讨活动关注的重要内容。

案例 1　抛物线及其标准方程(苏教版选修 1 - 1)

【教学片断】

　　师:请拿出一张矩形纸解决题目上的问题。

　　(ppt 显示题目:如图,准备一张矩形纸片 $ABCD$,在纸片上任意取定一点 F, $PQ /\!/ AD$,沿 PQ 将纸片折起,使 P 与 F 重合,各得到一条折痕:两条折痕的交点记为 M,平移 PQ,……继续下去得到若干交点(为了看清楚,可把交点描出来),用光滑曲线连接这些交点,观察它是什么曲线,说明理由)

① 数学课程标准研制组. 全日制义务教育数学课程标准(实验稿)解读[M]. 北京:北京师范大学出版社,2002:277.
② 数学课程标准研制组. 普通高中数学课程标准(实验)解读[M]. 南京:江苏教育出版社,2004:300.

学生开始动手折纸,教师偶尔提醒操作方法,如"F点尽量取在中间不要靠边取","大家描出 5、6 个点就可以了",学生操作 10 多分钟后,教师用几何画板动态展示生成抛物线的过程。

师: 生成抛物线的方法是非常多的。我们再来看一个。

[ppt 显示题目:如图,再准备一张矩形纸片 $ABCD$,将一角折起,使点 A 总是落在对边 CD 上,然后展开纸片,得到一条折痕(为了看清楚,可把折痕画出来),这样继续下去得到无数折痕,观察这些折痕围成的轮廓,看看是什么曲线]

学生动手折纸 8 分钟,最后教师用计算机动态展示并总结:"无数条折痕形成的轮廓就形成了一条抛物线。"

【研讨片断】

执教教师: 在设计这节课时,我尽量把这堂课放手给学生,让学生去主宰这节课。所以我设计了两次折纸。两次折纸是有区别的,第一次折纸是细致的,从头折到尾,让学生完整地探究出曲线是什么样子的,在折的过程中使学生感受抛物线定义的核心内容。第二次折纸是一个包络的过程,要真正地通过折纸完全看出来是很不容易的,需要一个动态的课件演示。所以先让学生折了一会感受一下,然后进行课件演示。总体来说,我的设计目的就是想让学生自己得出结论。

听课教师 1: 两次折纸活动让学生自己探究,学生动了起来……这堂课概括起来是在活动中感悟,在探究中体会,在观察中思考。

听课教师 2: 教师比较注重学生的动手操作,体现在两次折纸活动,两次让学生推导抛物线方程。但是折纸时间上用了 22 分钟左右,数学课不是活动课,教学效率低。另外,教师一上课就直接让学生折纸,学生不知道折纸的目的,而且学生按照教师设计好的折纸步骤进行操作,这种活动会比较盲目,学生不知道走向哪里,也不知道为什么这样走。

　　听课教师 3: 这堂课的一个突出特点是教师比较注重学生的动手操作,让学生在折纸活动中、在自己的动手操作中学习。但是数学活动主要是一种思维活动,而且用折纸方法难以观察出折痕轮廓的曲线,所以总是让学生通过操作做出数学发现并不是数学课堂教学的特点。

案例 2　"直线与平面垂直"(苏教版必修 2)研讨片段

　　听课教师: 从概念的形成,到定理的建构,还有理论的应用,我感觉亲历过程不够深刻,没有达到预想的效果。比如,直线与平面垂直概念的形成过程有些仓促。可以提问学生:如果让你刻画直线与平面垂直,你将如何刻画? 这样一提问,学生的思维空间就打开了。应该让学生亲历知识建构的过程,让学生思考、交流、动手操作,然后师生逐步校正,逐渐变为自然的合理的概念。

　　可以看出,在数学课堂教学中,教学过程探究化已成为数学课堂教学的显性特征。但是,对于这种探究化的认识有着不同的声音。当前探究教学存在怎样的问题? 如何更好地实施探究教学? 这些问题值得我们深入思考。

4.2　反思:数学课堂正经历怎样的探究活动

4.2.1　探究活动的过程:动手与动脑,执行与思考

　　案例 1"抛物线及其标准方程"中,表面上看,教师没有照本宣科,特别设计了数学

活动,放手让学生动手操作,其设计意图是"让学生完整地探究出曲线是什么样子的","让学生自己得出结论"。但是实际效果并不好。虽然所有学生都在"探究"、都在"活动",但是大部分学生没有探究出曲线的形状,当然也没有感受抛物线定义的核心内容。

考察整个折纸活动,教师一开始就直接让学生动手操作,但是并没有指明操作的目的以及活动的方向,学生只是按照教师设计好的折纸的步骤进行操作,按部就班地一步步执行教师事先安排好的操作程序,学生不知道走向哪里,也不知道为什么这样操作。

事实上,这种探究活动在数学课堂教学中并不少见。以下是一个"双曲线的定义"教学片断:

师:请同学们拿出刚才发下来的印有圆 F_1 的白纸,按如下步骤操作:

第一步:在圆 F_1 外取一定点 F_2;

第二步:在圆 F_1 上任取一点 P_1;

第三步:将白纸对折,使 P_1 与 F_2 重合,并留下一条折痕;

第四步:连接 P_1F_1,并延长交折痕于点 M_1;

第五步:再在圆上任取其他点,将上述 2—4 步骤重复 5—6 次,便可得到一系列点,连接这些点(用光滑曲线)。

可以看出,这样的数学课堂教学表面上凸显了探究,凸显了活动,但整个探究活动实际上就是一个执行活动,而且是一个动手操作的执行活动,很多时候学生是被动地接受数学活动,被动地操作执行,根本没有动脑思考。同时,从活动的形式上看,当前数学课堂教学凸显的主要是外显的探究活动,诸如动手实验、操作等,而缺少内在的数学思维活动,比如抽象概括、推理论证等。

A·A·斯托利亚尔指出:"所谓数学活动的教学,就是在数学领域内一定的思维活动、认识活动的教学。""数学知识的获得,主要不是靠实物的实验,而是通过思想上的实验,进行紧张的思维活动。""数学活动的必要性在于引导学生将注意力集中到动态的思维过程上。"①这说明,数学活动的核心是数学思维的活动,判断数学活动有效性的主要标志是其数学思维含量的大小。在此意义下,数学活动可分为外显活动和内隐活动,外显活动的目的主要是为了引导学生自主建构,通过观察、操作等活动,进行积极思考,最终获得猜想、形成知识。当前课堂上,学生个体的动手操作和显性的交流活动这些物质活动或物质化活动被强化了,而个体内部的数学思维活动被作为封闭的传统学习模式有削弱的趋势。② 这也是部分教师质疑案例 3 数学活动的主要原因。

因此,当前探究活动突出的是动手,缺乏的是动脑;注重的是执行,忽视的是思考;培养的是执行能力,薄弱的是解决问题的能力。因此,面对新的问题情境又没有教师指导时,学生不会探究,不会思考问题,当然难以解决问题。这正是问卷调查中学生所表现出来的数学素养的情况。

4.2.2　探究活动的结果:知识与方法

经历数学探究活动获得数学知识以后,学生是否就真正掌握了知识?

在案例 2 中,有教师指出:"从概念的形成,到定理的建构,还有理论的应用,我感觉亲历过程不够深刻,没有达到预想的效果。"这里所说的"没有达到预想的效果"主要是指课堂教学中,一些学生在判断直线与平面是否垂直的问题中出现了错误。教师认为只要充分探究了,充分活动了,学生就应该掌握数学知识。但是在案例 3 中,执教教师创设了系列探究活动,从概念的形成,到定理的建构,还有理论的应用,都有学生的动手操作或者探究活动,而实际的教学效果并不好。看来,有了探究活动,学生未必就掌握了数学知识。我们有必要进一步考察探究活动过程。

以下是我们深入一线数学课堂录制的一节常态课:勾股定理。

---

① A·A·斯托利亚尔著,丁尔陞等译. 数学教育学[M]. 北京:人民教育出版社,1984.
② 沈超. 数学活动的核心是数学思维活动[M]. 小学教学研究,2005(6).

师：勾股定理到底告诉我们直角三角形三边有着什么样的关系？这个关系又是怎么被人们发现的，我们通过动手操作来探索。

操作一：在等腰直角三角形中探索直角三角形的三边关系。

（教师要求学生将等腰直角三角形的各边为一边向三角形外作正方形，并通过剪拼图形来寻找关系）

学生反馈：将两个小正方形剪成四个等腰直角三角形，把四个等腰直角三角形的直角边两两相邻拼接在一起发现，两个小正方形的面积之和等于大正方形的面积。

操作二：在一般的直角三角形中探索直角三角形的三边关系（学案上有事先准备好的格点图形、直角边长为3、4的直角三角形）。

教师要求学生将直角边长为3、4的直角三角形的各边为一边向三角形外作正方形，并探索关系。

学生反馈：将大的正方形分割成四个和原来三角形一样的直角三角形以及一个小正方形，得到大正方形的面积为25，而两个小正方形的面积分别为9、16，发现两个小正方形的面积之和也等于大正方形的面积。

教师总结：如果将正方形的面积用边长的平方来表示，我们就得到了直角三角形的三边关系。

教师板书勾股定理的内容，之后给出一些练习题让学生完成。

以上是勾股定理教学的第一课时，可以看出，学生通过两次操作得到"两个小正方形的面积之和等于大正方形的面积"以后，教师给出了勾股定理的内容，探究活动也就随之结束。

我们知道，这一节课不仅要通过操作活动探究出勾股定理的内容是什么，而且要掌握其中所蕴含的重要的数学思想方法——"割补"思想。该案例中，教师的教学重点在于勾股定理本身，教师所设计的探究活动是为勾股定理这一知识服务的，教师并没有揭示出探究活动所蕴含的思想方法。也就是说，学生执行完探究活动得出相应的数学知识以后，相应的教学活动就停止了，教师只关注了探究出的结果，而很少对探究活动本身所蕴含的数学思想方法进行提炼与总结。显然这样的教学只能够让学生知道勾股定理的内容，但难以真正理解并掌握"割补"思想方法。这一情况在第三章问卷调查中学生的表现已有了充分说明。

普通高中数学课程标准指出：过程与方法目标的核心在于从具体实例出发，展现数学知识的发生、发展过程，使学生能够从中发现问题、提出问题，经历数学的发现和创造过程，了解知识的来龙去脉。皮亚杰指出："儿童的逻辑和数学的运演是来源于他对物体所做的简单活动；例如把物体进行组合或对应放置之类的活动。"这也就是说，"活动既是感知的源泉，又是思维发展的基础"①。但是，作为问题的另一方面，皮亚杰又强调指出，如果我们始终停留于实物操作，则又不可能形成任何真正的数学思维，因为，在此最为重要的即是活动的"内化"。只有"在那些保证主客体之间存在着直接的相互依存关系的简单活动之上，增添了一种内化了的并且更为精确地概念化了的新型活动"，才能促使运动格局的不断扩展，使得认知结构愈来愈复杂，最后达成逻辑——数学结构。②

由此可见，数学活动的核心是数学化。数学活动的教学就是要学生经历数学化过程的教学。什么是数学化过程，是理解数学活动教学的关键。

在此意义下，就探究活动的结果来看，当前的探究活动关注了知识，忽视了方法；只有操作执行活动，没有揭示活动蕴含的思想方法，当然也没有活动的内化。由此导致学生将探究活动看成是可有可无的东西，不了解探究活动本身的价值以及其中所蕴含的数学思想方法，造成学生虽然经历了数学活动，但是并不了解相应的数学思想方法，当然也难以真正掌握数学知识。

4.2.3　探究活动的过程：手段与目标

在探究活动教学中，总结出探究活动所反映的数学方法，学生就一定能掌握这些

---

① 皮亚杰著，王宪钿译. 发生认识论原理[M]. 北京：商务印书馆，1981：中译者序 4 - 6.
② 皮亚杰著，王宪钿译. 发生认识论原理[M]. 北京：商务印书馆，1981：28.

思想方法了吗?

随着新一轮数学课程改革的不断推进,探究教学、活动教学、过程教学等课程改革的基本理念已经不再停留于理想层面,而是走进了实际的数学课堂中。如何把探究活动融入课堂教学中是深化数学课程改革迫切需要研究的问题。以下是高三数学二轮复习中的一则教学案例。

这节课重点内容是数列中的子数列问题研究,教师课堂上重点讲解了下面两个例题:

例 1:已知数列 $\{a_n\}$ 满足 $a_n + a_{n+1} = 2n+1(n \in \mathbf{N}^*)$,求证:数列 $\{a_n\}$ 为等差数列的充要条件是 $a_1 = 1$。

例 2:已知正项数列 $\{a_n\}$ 满足 $a_n \cdot a_{n+1} = 2^{2n+1}(n \in \mathbf{N}^*)$,求证:数列 $\{a_n\}$ 为等比数列的充要条件是 $a_1 = 2$。

数列的子数列问题一直是数列中的热点也是难点问题,教师首先请学生思考,然后较为详细地讲解了解题过程,最后帮助学生归纳研究问题的基本方法,给出正确的步骤和最终的证明过程。

课后我们随机抽查了几位同学,给出了课堂上两个例题的变式问题,让抽查学生再做:

例 1 变式:若数列 $\{a_n + a_{n+1}\}$ 为公差为 d 的等差数列,试探究数列 $\{a_n\}$ 为等差数列的充要条件,并加以证明。

例 2 变式:若正项数列 $\{a_n\}$ 满足:数列 $\{a_n \cdot a_{n+1}\}$ 为公比为 q 的等比数列,试探究数列 $\{a_n\}$ 为等比数列的充要条件,并加以证明。

抽测结果表明,所有学生都知道了教师总结出的研究数列的子数列问题的方法——消项法,但是并非所有同学都掌握了用消项法来研究数列子数列问题。这表明学生经历了解决数列问题的整个过程,教师总结出了数学方法,但是学生并没有真正掌握数学思想方法,不会利用数学思想方法解决问题。原因何在?

进一步考察教学活动发现,对数列的子数列问题的探究过程是以教师讲解为主完成的,也就是说,探究活动的"过程"是教师讲解的,不是学生经历的,学生缺乏感性体验,没有真正认识消项法的本质。

《普通高中数学课程标准(实验)解读》指出:"数学教学活动应是经历数学化、再创造的活动过程。""通过观察、实验、归纳、类比、抽象概括等活动,去发现或猜测数学概念或结论,进一步证实或否定他们的发现或猜测。"[1]这表明,数学教学的过程是从数学现实出发,经过数学活动方式,探讨数学结论。也就是说,探究活动的过程,其教学中的"过程"不仅是手段,也是教学目标,即必须让学生在数学学习活动中去"经历……过程"。如果仅仅注重在知识的形成过程中学习知识,那么对"过程"的定位主要是服务于知识的学习,难免会出现教师直接讲授"探索过程"的现象,这样,数学学习就会由听"结果"变成了听"过程",这样的"过程"就失去了探索的意义。[2] 也就会造成学生知道方法但不会运用方法解决的现象。

4.3　实施有效探究学习教学

《基础教育课程改革纲要》指出:"改变课程实施过于强调接受学习、死记硬背、机械训练的现状,倡导学生主动参与、乐于探究、勤于动手,培养学生搜集和处理信息的能力、获取新知识的能力、分析和解决问题的能力以及交流与合作的能力。"

就数学课程改革而言,《全日制义务教育数学课程标准(实验稿)》:"有效的数学学

---

① 数学课程标准研制组.普通高中数学课程标准(实验)解读[M].南京:江苏教育出版社,2004:300.
② 袁玲玲,吴晓红.过程教学视角下的勾股定理的教学过程[J].中学数学杂志,2010(8).

习活动不能单纯地依赖模仿与记忆,动手实践、自主探索与合作交流是学生学习数学的重要方式。由于学生所处的文化环境、家庭背景和自身思维方式的不同,学生的数学学习活动应当是一个生动活泼的、主动的和富有个性的过程。"

《全日制义务教育数学课程标准(修改稿)》:"学生学习应当是一个生动活泼的、主动的和富有个性的过程,除接受学习外,动手实践、自主探索与合作交流也是数学学习的重要方式,学生应当有足够的时间和空间经历观察、实验、猜测、验证、推理、计算、证明等活动过程。"

《普通高中数学课程标准(实验)》:"倡导积极主动、勇于探索的学习方式"是基本理念之一,"学生的数学学习活动不应只限于接受、记忆、模仿和练习,高中数学课程还应倡导自主探索、动手实践、合作交流、阅读自学等学习数学的方式"。

可以看出,新课程倡导动手实践、自主探索的学习方式,实施有效的探究学习有助于推进课程改革的实施。

4.3.1　正确认识探究学习

所谓"探究学习",笼统地说,即是指学生通过主动探索相对独立地作出科学发现或创造,包括由此而获得科学活动的实际体验和经验[①]。由于探究学习突出强调了学生的主动参与,使学生切实处于主体的地位,通过亲身体验和反复实践学生也可获得关于科学本质更为深入的认识,并逐步培养起一定的探究和创新能力,因此就获得了世界各国教育界人士的普遍认同,特别是,在新一轮的数学课程改革中这一方法更得到了大力提倡,它是对机械式接受学习的有力冲击,对于有着深厚的"双基训练"和"讲授式教学"传统的我国数学教育有重要的现实意义。

但就当前而言,在这一方面也可看到某些认识上的片面性与做法上的绝对化,后者如不能得到及时纠正就必然会对课程改革的深入发展产生严重的消极影响,特别

---

① 郑毓信、吴晓红. 数学探究学习之省思[J]. 中学数学月刊,2005(2).

是,我们更应清醒地认识到探究学习既有其一定的合理性和优越性,同时也有一定的局限性,从而,这里的关键就仍然在于恰当的应用与必要的引导。以下就分别围绕具体科学知识内容的掌握、数学思维的学习与科学活动的实际体验这样三个方面对此作出具体分析,全面认识探究学习。

一、探究学习与科学知识内容的掌握

相对于数学教育而言,探究学习在科学教育中有着更大的影响,因为即使对于具有较高文化素养的人群而言,这也可以说是一种十分普遍的信念,即是认为人们可以通过观察和实验发现基本的科学事实,并经由归纳发现普遍的规律;进而,按照这样的信念,在科学教育中我们似乎也就完全可以放手让学生独立地去做出科学发现,特别是,就初步的科学知识的学习而言,我们更可认为学生通过日常生活已经积累起了一定的经验,后者还可被用作相关科学发现的直接基础,所需要的就是引导学生切实按照上述的顺序去进行工作。

正因为探究学习在科学教育中具有更大的影响,我们就将首先对此作出具体分析,特别是,清楚地指明上述认识的局限性。

具体地说,即使在较为初等的层面上,我们也应清楚地看到学生经由日常生活所自发形成的种种"经验性知识"往往是与相关的科学知识直接相冲突的。例如,如果局限于"日常经验",人们往往会形成如下的各种认识:地球是不动的,其他各个星体、包括太阳都处于围绕地球的圆周运动状态;如果不保持一定的推动力量,物体就不可能永远保持运动状态;轻重不等的物体从同一高度同时下落时,重物一定比轻物降落的快;等等。而只是经由学校的科学学习我们才逐步认识到这些"经验知识"事实上都是错误的。更为一般地说,在不少学者看来,我们在此可提出如下的明确结论:科学认识并非建立在直接经验之上的日常意识;恰恰相反,"如果一些认识是与日常认识相一致的,则就几乎不可能是科学的,因为,世界并不是像日常意识所认识的那样运作的"[①]。

---

① M. Matthews. *Science Teaching：The Role of History and Philosophy of Science* [M]. Routledge. 1994:159.

显然,这事实上就从一个侧面清楚地表明了探究学习的局限性。

应当指明的是,从理论的角度去分析,以上关于"人们可以通过观察与实验发现事实,并经由归纳发现普遍规律"的认识,即可被看成所谓的"经验主义"立场的具体体现,后者在"逻辑实证主义"这一哲学体系中得到了系统的理论表述;但是,尽管逻辑实证主义曾在西方学术界中长期占据主导地位,以致被看成正统科学观的典型代表,这却又正是科学哲学自 20 世纪 60 年代以来的一个发展主流,即是从各个不同的角度对所说的"正统科学观"进行了深刻批判,包括清楚地指明了经验主义立场的局限性。例如,一些哲学家(特别是休谟)早就对归纳方法的有效性提出了明确的质疑;另外,现代的科学哲学研究也清楚地表明了所谓的"中性的"(经验)事实,事实上并不存在,因为任何观察或实验都必然地渗透有理论的成分。更为一般地说,由于任何真正的认识活动都必须借助于一定的语言,也即必须使用一定概念和理论,因此,在这样的意义上,我们也就可以说,人人都是通过"有色眼睛"去观察世界的——特殊地,就我们目前的论题而言,这显然也就十分清楚地表明了这样一点:对于已有文化的很好继承即应被看成作出独立发现的一个必要前提。

与纯粹的理论分析相对照,我们在此还可特别提及儿童发展心理学研究的一些具体成果。具体地说,正如不少读者所已认识到的,相对于先前曾获得人们高度重视的瑞士心理学家皮亚杰在这一方面的工作而言,人们现今对于苏联的维科斯基在这一方面的各个研究成果、特别是其在这一方面的基本论点给予了更多的强调。例如,如果说皮亚杰比较强调生理成熟程度对于儿童智力发展水平的制约作用,那么,维科斯基就更为突出地强调了文化继承对于儿童智力发展的特殊重要性。特殊地,也就是从后一立场出发,维科斯基认为,我们应清楚地看到学校学习对于儿童智力发展的重要影响,而科学概念(和知识)的学习则更可以说对学生思维的发展发挥了不可取代的重要作用。例如,与皮亚杰不同,维科斯基并不认为所谓的"自发思维"(儿童的"日常概念"属于这一范围)与"非自发思维"(儿童经由学校所习得的科学思维属于这一范围)这两者在儿童身上的发展是完全独立的,直至前者最终为后者所完全取代,恰恰相反,"自发性与非自发性的概念的发展是彼此联系和相互影响的"。具体地说,"日常概念为科学概念及其向下发展清出一条道路。它为概念的更原始、更基本的方面(它给了概念以本体和活力)的演化创造了一系列必要的结构";与此相对照,"科学概念依次为儿童有意识地和审慎地使用自发概念的向上发展提供了结构"。这也就是说,"学校教学促使儿童把知觉到的东西普遍化起来,并在帮助意识他们自己的心理过程方面扮演着决定性的角色……反省的意识经由科学概念的大门而成为儿童的财富"。例如,维科斯基指出,"系统化的萌芽首先是通过儿童与科学概念的接触而进入他的心灵的,然后再被转移到日常概念,从而完全改变了他们的心理结构"。更为一般地说,"这些科学概念从一开始便具有普遍性的关系,也就是说,具有一个系统的某种雏形。科学概念的形式训练逐渐转变儿童自发概念的结构,并且帮助他们组织一个系统,这促使儿童向更高发展水平迈进"[①]。

　　显然,就我们目前的论题而言,维科斯基的以上工作更为清楚地表明了这样一点:应当注意防止对于探究学习的片面强调,也即认为学生可以完全独立地去作出各项科学发现;恰恰相反,我们应当明确肯定文化继承的重要性,特别是,教师在此更应发挥重要的引导工作,包括从各个方面为学生的主动探究作好必要的"铺垫"或准备。值得指出的是,后者事实上也可被看作国际上的相关实践所给予我们的一个重要启示。例如,探究学习在 20 世纪 60 年代的美国曾得到了积极提倡,然而,这最终又只能说是一次"失败"的运动:尽管所说的"失败"有着多种"外部"原因,如资源缺乏,教师培训没有跟上,等等,但其最为重要的原因恰又在于其基本立场的错误性,即是认为学生无须通过系统的学习、也即对于已有文化的认真继承就可相对独立地做出各项重要的科学发现并建立起相应的系统理论,以致探究学习在实践中举步维艰。[②] 前车之鉴,后车之辙,这一教训当然应当引起我们的高度重视。

二、探究学习与数学思维的学习

　　相对于一般的科学教育而言,数学教育显然有其一定的特殊性。例如,与一般科

---

① 维科斯基著,李维译. 思维与语言[M]. 杭州:浙江教育出版社,1997,第六章.

② Welch. Inquiry in School Science [A]. in N. Harms & R. Yager(ed) *What Research Says to the Science Teacher* [C]. Vol. 3. NSTA. 1981.

学教育中对于观察与实验的强调相对照,在数学教育中人们往往更为关注具体的解题活动,以至"问题解决"常常就被认为是数学探究学习的主要形式;另外,与一般的科学教育不同,在数学教育中归纳法的局限性也可说有着更为直接的表现,后者事实上构成了数学教育中对于证明的突出强调的直接原因。当然,除去上述的不同点以外,在数学探究学习与科学探究学习之间也有很多的共同点。例如,就当前而言,数学教育中对于探究学习的提倡往往也突出强调了学生的"动手实践";另外,更为重要的是,尽管具体形式可能有所区别,但无论就具体知识内容的学习或是就深层次的认识,乃至相应能力的培养而言,数学探究学习与科学探究学习又都具有一定的局限性。以下就联系数学思维的学习对此作出具体分析。

具体地说,我们在此事实上也应首先肯定"问题解决"、包括实物操作等实践活动对于学生学习数学思维的重要性。例如,这正是皮亚杰关于数学思维的分析的一个重要内容,即是明确肯定了实物操作对于儿童发展数学思维的特殊重要性。皮亚杰这样写道,"儿童的逻辑和数学的运演是来源于他对物体所做的简单活动;例如把物体进行组合或对应放置之类的活动"。这也就是说,"活动既是感知的源泉,又是思维发展的基础"[①]。但是,作为问题的另一方面,皮亚杰又强调指出,如果我们始终停留于实物操作,则又不可能形成任何真正的数学思维,因为在此最为重要的即是活动的"内化"。例如,这就正如卡拉尔和施利曼所指出的,这是皮亚杰的一个基本观点:"高级数学最终归结为对于行动的思考,这些行动最初寓于人的身体世界,但是最终寓于心理活动本身,人能够在没有具体物体的情况下进行这种心理活动。"[②]这也就是说,只有"在那些保证主客体之间存在着直接的相互依存关系的简单活动之上,增添了一种内化了的并且更为精确地概念化了的新型活动",才能促使运动格局的不断扩展,使得认知结构愈来愈复杂,最后达成逻辑——数学结构。[③]

---

① 皮亚杰著,王宪钿译. 发生认识论原理[M]. 北京:商务印书馆,1981:中译者序 4 - 6.

② 戴维·H·乔纳森等编著,郑太年,任友群译. 学习环境的理论基础[M]. 上海:华东师范大学出版社,2002:163.

③ 皮亚杰著,王宪钿译. 发生认识论原理[M]. 北京:商务印书馆,1981:28.

事实上,主要地也就是这样的认识,皮亚杰作出了关于"活动"(action)与"运演"(operation)的明确区分:后者即是指内化了的活动,并认为只有在运演的水平上,我们才可能真正谈及所谓的"逻辑——数学经验"。显然,就我们目前的论题而言,这也就从又一角度更为清楚地表明了探究学习的局限性,特别是,如果我们始终停留于具体的操作活动,而未能将活动内化,相应的探究活动就仅仅是一种游戏而并非真正的数学活动。

其次,应当强调的是,皮亚杰的以上分析直接涉及了数学思维的一个本质特点:数学抽象不同于一般的"物理抽象",而是一种"自反抽象",也即如何"把从已发现的结构中抽象出来的东西射或反射到一个新的层面上,并对此进行重新建构"[1]。显然,按照这样的分析,不断地重构或重组也就应当被看成数学思维的一个基本形式,这就是说,数学思维的进一步发展即是自反抽象的反复应用,也即在更高的层次上对已有的东西(活动或运演)重新进行建构,从而使前者成为一个更大结构的一个部分。

现代的研究已表明,所说的"重构或重组"具有多种可能的形式,如"熟悉的对象之间关系的重构","整合概念的新侧面"(即横向扩展的重组),"概念化的水平的变化"(即纵向发展上的重构)等等[2];另外,从总体上说,所说的"重构与重组"又应当被看成集中地表明了数学思维发展的不连续性。这也就正如国际数学教育委员会(ICME)现任副主席安提卡(M. Artigue)所指出的,"数学学习不是一个连续的过程,它必须重新组织、重新认识,有时甚至要与以前的知识和思考模式真正决裂"[3]。

显然,相对于先前关于操作活动局限性的分析而言,以上所说的数学思维发展的不连续性即可说是从一个更为广泛的角度指明了探究学习的局限性,因为,后者十分清楚这样一点:就数学思维的发展而言,反思应当说比具体的解题活动有着更大的重

---

① E. Beth & J. Piaget. *Mathematical Epistemology and Psychology* [M]. Reidel. 1966:282.
② M. Artigue. *What can We Learn from Educational Research at the University Level*? In D. Holton (ed) The Teaching and Learning of Mathematics at University Level: An ICMI Study [C]. Kluwer. 2004.
③ M. Artigue. *What can We Learn from Educational Research at the University Level*? In D. Holton (ed) The Teaching and Learning of Mathematics at UnIversity Level: An ICMI Study [C]. Kluwer. 2004.

要性。应当指明的是,在很多教育家看来,后一结论对于一般的学习活动也是成立的。例如,美国当代著名教育家多尔(W. Doll)就曾明确指出,"世界的知识不是固定在那里等待被发现的;只有通过我们的反思性行为才能得以不断的扩展和生成"。"正是通过反思性的行为,这一理解及其深度才得以发展。教学行为能够为这一过程'播种'……即通过交互作用培植某些观点,但这些观点的发展要通过反思过程而达成内化。"[①]

从而,总的来说,这就应当被看成努力作好探究学习的一个重要方面,即是在相应的教学活动中我们不应主要关注所涉及的探究活动是否真正做出了相应的发现,更不能满足于具体问题的解决,而应积极引导学生作出进一步的思考与探究,包括对于已建立的知识和认识的认真反思,从而实现向着更高层次的过渡。应当指明的是,后者事实上也可被看成国际上相关的教育实践、特别是"问题解决"这一改革运动所给予我们的一个直接启示。具体地说,由于未能清楚地认识到"问题解决"不能被等同于全部的数学活动,以及由"问题解决"过渡到"数学地思维"的重要性,因此,尽管这一世界性的数学教育改革运动曾产生了十分重要的影响,其基本观点也有很大的合理性,但在实践中却仍然暴露出了诸多的缺点与不足之处,并因此而遭到了人们的广泛批评(对此可参见:关于"问题解决"的再思考[②])。从而,我们也就十分重视从中吸取有益的启示与教训。

以上分析表明,尽管探究学习充分发挥了学生学习的主动性而很大程度上改变了传统教育的机械、被动、接受的学习方式,尽管探究学习使学生体验了数学的发现过程从而对培养学生的创新精神和实践能力有着特别重要的意义,但我们对它应有个清醒的认识,包括应清楚地认识到其基本立场所固有的局限性,只有这样,才能避免认识上的片面性和实践上的绝对化倾向,才能促进教育的健康发展和改革的顺利进行。

---

① 多尔著,王红宇译. 后现代课程观[M]. 北京:教育科学出版社,2000:147,194.
② 郑毓信. 关于"问题解决"的再思考. 数学教育的现代发展[M]. 南京:江苏教育出版社,1999.

4.3.2 实施有效探究学习教学

普通高中数学课程标准多次指出,数学是一门抽象的科学,所以教师要注意适度形式化,不能让学生淹没在数学形式化的海洋里,要化数学那"冰冷的美丽"为"火热的思考",引导学生经历感受知识的形成过程,掌握知识的来源、发生、发展和应用的全过程。所以在数学教学中,探究学习是提高数学素养的重要途径。以下我们通过两个教学案例作具体说明。

一、两个教学案例

案例3 圆柱体体积计算[①]

师:大家回忆一下,上周我们学习了如何计算圆的面积和长方体的体积,今天将探讨如何计算圆柱体的体积。这次由你们自己去做。在你们每个人的实验台上都有 5 个体积不同的圆筒,一把尺子和一台计算器,你们还可以用水槽里的水。但是,你们利用的最重要的资源应该是头脑和同学。记住,活动结束时,各个组的每个同学都要做到不仅能够说出圆柱体的体积公式,而且要准确地解释该公式是如何推导出来的? 有什么问题吗? 好,开始吧。

学生 4 人一组围坐在实验台旁,其中 A 组一开始就把所有的圆桶装满了水。

生1:我们已经把所有的圆筒都装满了水,下面该做什么?

生2:我们来测量它们吧。

---

① 谢明初.数学教育中的建构主义——一个哲学的视角[M].上海:华东师范大学出版社,2007:101.

生 2 拿起尺子,并让生 3 记录下测量结果。

生 2:这个小的圆筒高 36 毫米,等一下,……底的直径是 42 毫米。

生 4:那又怎么样? 我们用这种方法不能测量出体积来。在开始测量每个圆筒体积前,我们最好先考虑一下。

生 3:生 4 说得对,我们最好先做个计划。

生 1:我明白了,我们先要有个构想。

生 4:对,让我们考虑一下怎么解决这个问题。

生 1:想一想,老师让我们回忆圆的面积和长方体的体积,我想,这可能是一个重要的线索。

老师正巧走到这里:你是对的,那么,你们怎样利用这个信息呢?

大家沉默了一会。

生 3 大着胆子说:让我们试着测量出每个圆筒底部的面积,刚才说小的圆筒底部是 42 毫米,给我计算器,……现在我们怎么算出面积?

生 4:应该是 π 乘以半径的平方。

生 3:是的,那么,42 的平方……

生 2:不是 42 的平方,是 21 的平方,如果直径是 42,那么,半径就是 21。

生 3:对,我忘了。那么,21 的平方是 441,π 是 3.14,计算器上的得数是 13 847。

生 1:不可能,400 乘以 3 是 1 200,所以 441 乘以 3.14 不可能是 13 000。你肯定算错了。

生 3:我再算一遍,441 乘以 3.14,……你对了,是 1 385。

生 4:该做什么了? 还不知道怎么算出体积。

生 2:我想,我们应该用底部的面积乘以水的高度。

生 1:为什么?

生 2:是这样,在计算长方体体积时,我们用长宽乘以高,长乘宽是底部的面积,我猜想我们可以用这样的方式计算圆筒的体积。

生1:绝顶聪明的女孩。我同意,但怎么来证明呢?

生4:我有个想法,(他把所有圆筒里的水倒出,然后在最小的圆筒里装满水)这是我的想法:我们不知道这个圆筒的体积是多少,但我们知道它的体积总是相等的。如果我们将等量的水倒入四个圆筒中,然后用我们的公式来计算,那么就应该得到一个总是相同的值。

生2:让我们来试一下。

学生操作……

小组测量了圆筒的底部和水的高度,记下数据,将其代入公式。他们非常高兴:用这个公式计算出来的等量体积的水的值都是相同的。

学生无比兴奋,让老师过来看他们的成果。老师让每个学生解释他们是怎么做的。

师:太棒了! 你们不仅找到了解决问题的方法,而且小组中的每个人都参与并理解了这项活动。现在我希望你们能帮我一下。其他几个小组的同学仍然很困惑,你们能否帮助他们一下。不要告诉他们答案,只是给他们提供思路。

案例4　"圆柱的体积"教学设计片段[①]

一、创设情境,提出问题

1. 怎样计算圆的面积? 这个公式是怎样推导的? [课件显示等分圆及拼成近似长方形的过程:通过圆的圆心,将一个圆平均分成若干个(如16个)扇形,再把这若干个扇形拼成一个近似的长方形]

---

① 石顺宽."圆柱的体积"教学设计[J].黑龙江教育,2005(3).

师:我们找出近似长方形和圆面积之间的关系,再找出近似长方形的长和宽与圆的周长和半径之间的关系,利用求长方形的面积计算公式就可以推导出圆的面积计算公式。

2. 怎样计算长方体的体积? 怎样计算圆柱的侧面积?

板书:长方体的体积＝底面积×高

圆柱的侧面积＝底面周长×高

3.(课件显示一根圆柱形钢材)问:这根钢材是什么形状的?

师:如果平均每立方分米的钢材重7.8千克,这根圆柱形钢材重多少千克呢?

(板书:一根圆柱形钢材,＿＿＿＿＿＿＿＿＿＿,平均每立方分米钢材重7.8千克,这根圆柱形钢材重多少千克?)

二、探索新知

师:圆柱的底面是两个完全相同的圆,能不能像学习圆的面积那样,把圆柱体转化为我们曾经学过的某一种立体图形呢? 说一说怎样切分圆柱体?(学生思考)

1. 等分圆柱体

[课件演示:通过圆柱的底面直径(半径)把圆柱底面平均分成若干份(16等份),把圆柱的底面分成了16个相等的扇形,再沿着圆柱的高把圆柱切开,把圆柱等分成底面是扇形的16块]

2. 实验操作

现在以4人一小组为单位,用手中的圆柱体(已等分为16份)动手拼一拼,看能拼成什么图形。(学生动手操作)

……

3. 推导公式

师:现在,同学们把拼成的长方形作为研究对象,4人小组合作,思考讨论一下问题:

① 拼成的长方体的体积和圆柱的体积有什么关系？为什么？

② 拼成的长方体的底面积和原来圆柱的底面积有什么关系？

③ 拼成的长方体的高和原来圆柱的高有什么关系？

④ 怎样计算圆柱的体积？

……

二、分析与思考

可以看出，以上两个案例有明显不同，或者说采取了不同的哲学立场，案例1"视数学知识是生成的、动态的，是由学习主体建构的；视数学是组织个体经验的一个不断适应的过程，而非发现存在于个体外部的客观数学规律"①。反映在教学过程中，学生通过和同伴主动探索，经历科学探究的过程，相对独立地发现了"我们的公式"，"不仅找到了解决问题的方法，而且小组中的每个人都参与并理解了这项活动"。因此，这一探究活动是三维目标达成的探究学习：学生经历了知识的形成过程，建构了圆柱的体积公式，掌握了解决问题的方法，获得了探究学习的情感体验，感受了数学知识的生成过程，收获了探究数学活动的经验，学会了交流，有助于形成正确的数学观。

对于案例2，教学设计中也包括有学生的探究活动，诸如：学生实验操作、小组合作、推导公式等，进一步考察教学设计过程，有些问题值得我们进一步思考。

首先，在创设问题情境环节，关于问题1"怎样计算圆的面积？这一公式是如何推导的？"教师通过"课件显示等分圆及拼成近似长方形的过程"给出了答案，表面上是复习旧知，其实质在于为其后进行的切分圆柱体埋下了伏笔或者暗示，旨在引导学生在下面的学习中切分圆柱体。问题2和问题3，主要作用在于复习旧知，引出课题。因此，这里创设的问题情境，其主要目的还在于引出课题，暗示切割圆柱的方法。

在探索新知环节，教师指出："……能不能像学习圆的面积那样，把圆柱体转化为我们曾经学过的某一种立体图形呢？说一说怎样切分圆柱体？"这里，按照教师的引

---

① 谢明初.数学教育中的建构主义——一个哲学的视角[M].上海：华东师范大学出版社，2007：103.

导,学生会顺利探索出结果,整个教学过程也会比较顺利。但是为何要像学习圆面积那样进行转化? 是怎样想到要切分圆柱体的? 这些问题学生并不知道。这就在他们的认知上存在了一片空白,学生的探究也就成了一个空壳,有形无实。看起来是探究,实质上没有学生的自发思考。因此,教师的启发实际上是规定了探索新知的方向,限制了学生的思考路径,当然,这样的教学也难以产生其他的探索方法。

在具体活动中,学生动手操作教师已经切分好了的圆柱体,仅仅是一个操作步骤的合作,在开始创设的情境的引导下,操作基本没有思维含量。最关键的问题是,该实验不是学生自己想出来的,而是教师告诉的,学生的操作是执行而不是探究,一定程度上体现出"教师牵着学生的鼻子走"的问题。

三、有效的探究学习

以上案例启发我们,在倡导学习方式转变的今天,必须探讨什么是有效的探究学习。我们认为,有效的探究学习需要考虑以下问题:

1. 探究什么

并不是"所有的学习领域和学习主题都需要用探究学习的方式来进行"①,接受学习也是必要的。因此,实施探究学习首先要关注"探究什么"。

从教学实践来看,适合数学探究的问题很多,如可以将教材中的数学公式、法则、性质、定理等作为探究问题,进行数学形成性探究;可以将一题多解的数学问题作为探究问题,开拓数学解题的应用性探究;可以将有规律可循的数学问题作为探究问题,进行数学规律的建构性探究;也可以将数学开放性试题作为探究问题,进行不同层次、不同角度的多元探究。② 因此,定理的形成过程、一题多解、寻找规律等都是常见的探索内容。

同时,也有一些内容不适宜学生展开长时间的探究③,如:

---

① 钟启泉,崔允漷,张华主编. 为了中华民族的复兴,为了每位学生的发展——《基础教育课程改革纲要(试行)》解读[M]. 上海:华东师范大学出版社,2001:262.
② 章飞. 数学教学设计的理论与实践[M]. 南京:南京大学出版社,2009:50.
③ 章飞. 数学教学设计的理论与实践[M]. 南京:南京大学出版社,2009:51.

一些最原始的数学概念(如直线、射线、线段、有关计量单位等)。可以在学生感知的基础上,由教师直接告知。

一些约定俗成的记号(如平行、垂直、全等、相似等)。当然很多记号确有其合理性,合适的记号便于交流,也给学生提供了探索的可能,但这样的内容不适宜展开长时间的探究,教学中可以让学生了解记号的合理性,并提供给学生课后阅读材料。

还有,一些以定义方式给出的概念是不需要学生进行探究的,如:

一些描述性定义,如"这些立体图形中,像火柴盒、砖的形状是长方体"。

一些关系定义,如"若数 a 能被数 b 整除,a 就叫做 b 的倍数,b 就叫做 a 的约数";"相交于同一个顶点的三条棱的长度分别叫做长方体的长宽高";"分子比分母小的分数叫做真分数,分子比分母大或者分子和分母相等的分数,叫做假分数"。

一些外延定义,如"加减乘除四种运算,通常叫做四则运算";"基本初等函数包括幂函数、指数函数、对数函数、三角函数、反三角函数以及常函数"。

一些发生定义,如"圆:当一条线段绕着它的一个端点在平面内旋转一周时,它的另一个端点的轨迹叫做圆"。

……

这些定义可以在学生感知的基础上,教师直接告知,也可以直接提供原型或背景,揭示或归纳其共性得出概念,然后进行概念性的解释、识别与辨析。

要说明的是,并非所有适合探究的内容,都需要让学生经历所有探究过程,有些内容既可以让学生自主探究,也可以教师教授告知学生,应该结合具体教学情境和学生实际情况作出恰当地选择。

2. 如何探究

(1) 探究的起点:问题性

在探究学习中,探究活动首先是基于问题的活动,探究问题是学习的动力、起点和贯穿学习过程的主线,它是激发学生探究活动的根源,探究活动的最终指向是该探究问题的解决。问题既可以是教师提供的,也可以是学生独立提出来的,无论谁提出问题,所提的问题必须指向明确,使学生有明确的探究目标和探究方向,避免探究活动的盲目性、随意性。

案例1中,教师提出问题:"各个组的每个同学都要做到不仅能够说出圆柱体的体积公式,而且要准确地解释该公式是如何推导出来的",这样,学生在探究活动中就能明确探究目标,沿着指向明确的方向进行探究。而在第四章"抛物线及其标准方程(苏教版选修1-1)"教学案例中,教师一开始就直接要求学生通过动手操作"解决题目上的问题",表面上看是给出了问题,但是探究问题并不明确,为什么要折纸?为什么要按照给定的步骤折纸?折纸以后达到的目标是什么?学生比较困惑,有些茫然,只会遵循教师的指令执行操作指令,不知道将会导向何方,当然学生难以探究出结果。

因此,有效的探究学习在探究起点上首先要有问题性,探究问题明确是有效实施探究学习的基础。

(2)探究的过程:参与性

探究起点注重问题性不足以保证探究学习的有效开展,学生亲历探究过程才是关键。

探究过程中的"过程"不仅是学习的手段,也是教学目标,即必须让学生在数学探究活动中去"经历过程"、积极主动"参与过程"。如果仅仅注重在知识的形成过程中学习知识,那么对"探究过程"的定位则主要是服务于知识的学习,难免会出现教师直接讲授"探索过程"的现象,这样,数学学习就会由听"结果"变成了听"过程",这样的"探究过程"就失去了探索的意义。[①]

(3)探究结果的获得:自主性

探究问题的明确性以及学生亲历探究的过程,为学生自主建构探究的结果奠定了良好的基础。探究学习是学生的一种自主性活动,它注重学生对数学知识的自主建构。如果教师处处指导、牵引学生探究、规定探究方向,将探究过程、探究过程的具体

---

① 数学课程标准研制组.普通高中数学课程标准(实验)解读[M].南京:江苏教育出版社,2004:176.

操作、探究过程所要达到的结论都设计出来,组织学生按部就班地实践或经历探究过程的每一步,把学生直接引向所要获得的学习结果,那么这种探索就会演变成机械训练,也就无法使学生体验探究学习的乐趣,难以真正理解知识,或者说理解的不深,即使当时理解了,也很容易忘却。

案例1中,通过学生自主探究,建构了知识"我们的公式",同时"不仅找到了解决问题的方法,而且小组中的每个人都参与并理解了这项活动"。

因此,有效的探究学习中,学生不是接受知识的"容器",而是自主知识的"习得者"。就探究的结果而言,探究学习的成果是学生自主建构的产物,通过自己的探究发现问题,建构知识,获得体验。

(4) 探究的环境:开放性

开放性是探究学习的一个重要特征,"探究"一词的本质特征在于对现有知识或理论的开放态度和创新的意识。① 探究学习强调开放性,体现在:探究必须建立在开放的课堂教学体系上,给学生创造一个宽松、和谐、民主的心理氛围,让学习目标、学习内容、学习时空、学习过程、学习成果开放,不能规定探究方向,限制学生的数学思维,以发展学生的逻辑思维和批判性思维能力,培养学生对科学知识或理论的开放态度、创新精神以及严谨的科学实证精神。

可以看出案例1中的教学环境是较为开放的,学生在一个宽松、和谐、民主的氛围中,自主建构自己的知识。而教学案例2中的学习环境则较为封闭,学生缺乏独立自主性,没有独立思考,只有执行。

在当前,我国绝大多数课堂显著弊端之一便是教师对于课堂的过度控制。教师固然是教学的主导者,教师有权调控课堂,并引领教学的进程,但教师的过度控制妨碍了学生自主性、独立性和主动性的发挥,尊重学生的自主权和主动权是开放课堂的重要特征。在学生探究时,教师不要做过多的干预,因为学生这时候的思维是开放的,教师给他们的提示越多,他们的思维也就越受束缚。

---

① 李华. 探究式科学教学的本质特征及问题探讨[J]. 课程·教材·教法,2003(4).

4.4 优秀探究教学设计案例

案例内容:苏科版八上勾股定理教学设计

执教教师:中国矿业大学附属中学　王宗信

一、本课在教材所处的地位

这节课是九年义务教育全日制初级中学教科书《数学》苏科版八年级(上册)第二章《勾股定理与平方根》的第一节勾股定理的第一课时,勾股定理是几何中几个重要定理之一,也是苏科版教材从七上到九下六本教材中唯一以"定理"称呼的"基本事实",它揭示的是直角三角形中三边的数量关系,将形与数密切联系起来,它在数学的发展中起过重要的作用,在现实世界中也有着广泛的作用。学生通过对勾股定理的学习,可以在原有的基础上对直角三角形有进一步的认识和理解。

二、本课的教学目标

1. 能说出勾股定理的内容,并能应用勾股定理解决简单的问题。

2. 在经历探索勾股定理的过程中,让学生经历"观察—猜想—归纳—验证—应用"的数学思想,发展合理的推理能力,并体会数形结合和特殊到一般的思想方法。

3. 经历用多种方法验证勾股定理的过程,发展用数学的眼光观察现实世界和有条理地思考与表达的能力,感受勾股定理的文化价值,激发学生热爱祖国悠久文化,激励学生发奋学习。

4. 规范用勾股定理解答问题的格式。

三、教学重点、难点

重点:勾股定理的探讨;

难点:用割补法证明勾股定理。

四、教学过程

1. 引入（认识一张著名的邮票）

右图是1955年希腊发行了一张邮票,图案是由三个棋盘排列而成。这张邮票是纪念二千五百年前希腊的一个学派和宗教团体——**毕达哥拉斯**学派,它的成立以及在文化上的贡献。邮票上的图案是对数学上一个非常重要定理的说明。它是初等几何中最精彩的,也是最著名和最有用的定理。在我国,人们称它为**勾股定理**或**商高定理**;在欧洲,人们称它为**毕达哥拉斯定理**。

（**设计目的**:这是一个传统的引入了！思考再三还是保留了这个引入,不过课本上很干脆,只有一句话:"1955年希腊发行的一枚纪念邮票,邮票上的图案是根据一个著名的数学定理设计的。"我在备课时想,还是应把内容稍稍丰富些比较好,这样更具有吸引性。接着提出下面的问题,把球抛给学生,切入教学内容）

请仔细观察这枚邮票上的图案和图案中小方格的个数,你有哪些发现? 先不要讨论,自己观察!

（**课堂反应**:学生经过独立观察后,有部分学生发现了邮票上面左边的正方形有16个小方格,右边的正方形有9个小方格,最大的正方形有25个小方格,学生举手回答后,从课堂上同学们的反应来看应该是都观察到了,因为问题问得也比较清楚到位）

那么,这个图形还是有一个缺点的,那就是不好说明邮票中的三角形为什么是直角三角形,为了克服这个缺陷,我们可以利用格点图形的垂直的直观性解决这个问题,所以安排了下面的这个探究。

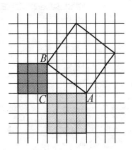

2. 探究

（1）请看格点图形,每个小方格的面积看作1,那么以

BC 为一边的正方形的面积是＿＿＿＿，以 AC 为一边的正方形的面积是＿＿＿＿。你能计算出以 AB 为一边的正方形的面积吗？（或者说你能确定 AB 的长度吗？你是如何确定的？请通过作图说明你的理由）

通过刚才的探索，你发现这三个正方形的面积有着什么样的特殊关系？

（**难点**：如何由面积向边长过渡，课堂上我是自己说出来的，如果设置一个过渡问题：正方形的面积与直角三角形的边长有何关系？应该可以很好地解决衔接的问题）

（2）在右边的方格图形中，请任意画一个顶点都在格点上的直角三角形；并分别以这个直角三角形的各边为一边向三角形外作正方形，仿照上面的方法计算以斜边为一边的正方形的面积。

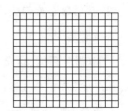

（**设计目的**：探索其他格点直角三角形是否具备上述特点）

3. 借助几何画板软件进行探索（链接至几何画板，操作验证）

（因为上述探索的都是格点直角三角形，而且两直角边的长度都是正整数，那么，如果直角边和斜边都不是正整数是否具备两直角边的平方和等于斜边的平方呢，几何画板具有良好的探索功能，所以笔者设计在此时打开几何画板软件进行探索，具有很强的随机性，但是几何画板具有强大的计算功能，我们可以通过几何画板来改变直角三角形三边的长度，进而在变化的过程中观察一些不变的性质，如直角不变，两直角边的平方和始终等于斜边的平方）

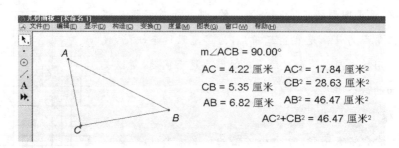

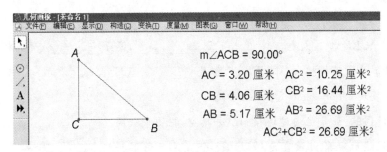

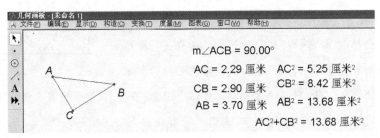

（但是无论我们进行多少个格点直角三角形和利用几何画板软件进行探索，我们都只能进行有限个探索，换句话说，我们的探索都是局部的探索，那么怎样来解决是否所有直角三角形的三边都具有这个共性呢？关于勾股定理的证明方法有近 400 种之多，考虑到学生目前的认知水平，设计为由学生通过边填空边计算边思考来解决这个难点）

4．推理说明

如图，$\triangle ABC \cong \triangle BDE$，$\angle C = \angle E = 90°$，点 C、B、E 在同一条直线上，$AC = BE = b$，$BC = DE = a$，$AB = BD = c$。

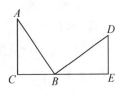

（1）连接 AD，$\triangle ABD$ 是一个_____三角形，四边形 $ACED$ 是一个_____梯形。

（2）请在图上对应线段分别标上 a、b、c，梯形 $ACED$ 是由_____个三角形拼成，它们的面积分别是_____、_____、_____，这_____个三角形的面积的和就是梯形 $ABED$ 的面积，这_____个三角形的面积的和是_____；（用 a、b、c

表示）

梯形 $ACED$ 的上底是_____，下底是_____，高是_____，那么根据梯形的面积计算公式可得梯形 $ACED$ 的面积是_____。（用 a、b、c 表示）

你的发现是：_____（学生回答）。

（设计目的：让学生通过连接 AD 并填空，把图形补成直角梯形，然后观察出该直角梯形由 3 个直角三角形拼成，故可以把 3 个直角三角形的面积分别计算出来并相加等于梯形面积，这样可以得到一个等式。这样设计是根据在七年级的数学学习中，我们曾尝试借助图形的面积来对

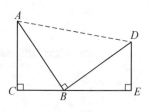

整式的乘法进行解读，所以学生可以完成这个探索，事实上，学生确实在课堂上完成了这个探索过程，由于在这个图形中，我们并没有指出 $Rt\triangle ABC$ 的三边 a、b、c 是某一组确定的数值，这样就解决了任意直角三角形三边均满足两直角边的平方和等于斜边的平方。这也是本课的重点，这样完成了由特殊到一般的探究，学生应该承认并接受"直角三角形三边均满足两直角边的平方和等于斜边的平方"这个事实）

例题：在 $Rt\triangle ABC$ 中，$\angle C = 90°$。

(1) $AC = 5$，$BC = 12$，求 AB 的长；

(2) $AB = 25$，$AC = 24$，求 BC 的长；

(3) $AB = 8$，$BC = 4$，求 AC 的长。

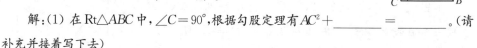

解：(1) 在 $Rt\triangle ABC$ 中，$\angle C = 90°$，根据勾股定理有 $AC^2 +$ _____ $=$ _____。（请补充并接着写下去）

（教材对于勾股定理的例题没有一个正规的展示过程，而这恰恰是学生的薄弱环节，上一轮教学在讲授勾股定理时就已经有过这方面的教训，在此给出了一个规范的示范解答过程）

(2)（**设计目的：**让学生模仿(1)的格式进行解答）

(3)（**设计目的：**让学生模仿(1)的格式进行解答）

基础练习：课本 45 页 1、2（这是课本固有练习，确实有针对性，故保留）

提高练习：课本 53 页 2(2)(这两道题可以留给学生课后去探索)

五、设计意图

数学课程标准指出，"本学段(七至九)年级的教学应结合具体的数学内容，采用'问题情境——建立模型——解释、应用与拓展'的模式展开，应加强数学与学生的生活经验的联系"。针对初二年级学生的知识结构和心理特征，本节课选择引导探索法，由浅入深，由特殊到一般地提出问题。通过观察邮票、观察格点与学生重新设计格点直角三角形进行验证，进而借助几何画板探索边长不是整数的直角三角形三边的关系，再借助拼图探索一般直角三角形三边的关系，然后再通过填空进行推理探求出三边的关系。这样的教学设计，能引导学生自主探索，让学生经历数学知识的形成与应用过程，有利于提高学生的思维能力，能有效地激发学生的思维积极性。

第五章

数学例题教学的反思与重构

5.1　现状:例题教学成为数学课堂教学的重要组成部分

数学例题教学是数学教学的重要组成部分,通过例题教学落实素质教育、发展数学思维,培养应用意识和能力,是例题教学的重要任务。

结合众多专家学者的研究,本文认为例题教学即设计数学例题,讲解分析数学例题的过程,是教师的教与学生的学所组成的一种特有的活动。通过这种活动,教师有目的、有计划、有组织地引导学生积极自觉地学习和加速掌握与例题相关的科学基础知识和基本技能,促进学生多方面素质全面提高。

美国著名数学家哈尔莫斯说过:问题是数学的心脏。在数学课上,无论是概念课、习题课、复习课或者是试卷讲评课等各种课型,都离不开例题教学;数学课堂例题教学是落实教学目标,促进师生之间进行思维交流互动的重要手段;因此,例题教学是评价数学课堂教学的重要指标。

案例1　"导数的几何意义及应用"(苏教版选修1－1)片段

执教教师在例题教学中,选用书本上的例题进行例题教学。

例1.P59/例1　已知 $f(x)=x^2$,则曲线 $y=f(x)$ 在 $x=2$ 处的切线的斜率是_____。

巩固训练.P66/10　曲线 $y=x^2$ 的一条切线的斜率是-4,则切点坐标是_____。

例2.P69/练习3　直线 $y=-x+b$ 是函数 $y=\dfrac{1}{x}$ 图像的切线,则 $b=$

_____,切点为_____。

巩固训练1. P71/3   曲线 $y = e^x$ 在 $x = 0$ 处的切线方程是_____。

巩固训练2. P71/4   曲线 $y = \frac{1}{2}x - \cos x$ 在 $x = \frac{\pi}{6}$ 处的切线方程是

_____。

在教材的原题例题教学结束后,为提高学生的分析能力和解题速度,执教教师又设计了下列几个引申的问题。

1. 曲线 $f(x) = x^3$ 在点 $P(1,\ 1)$ 处的切线方程是_____。

2. 曲线 $f(x) = x^3$ 过点 $P(1,\ 1)$ 的切线方程是_____。

3. 曲线 $y = -x^2$ 过点 $A(1,\ 0)$ 的切线方程是_____。

听课教师1:选用教材例题,进行变式教学,看似平淡,却很精彩。(听课者对例题教学表示足够的肯定)

听课教师2:例题选用确实典型,讲解也很到位,但这是实验班,是否高度与深度上可在加强一些?(听课者对例题教学持怀疑态度)

案例2   "同角三角函数关系"研讨片段

在一次听课中,执教教师在"同角三角函数关系"一课中,设计了这样的例题变式:

例题:已知 $\tan\alpha = \frac{3}{5}$,求 $\sin\alpha$,$\cos\alpha$ 的值。

变式1:已知 $\tan\alpha = -3$,求 $\sin\alpha$,$\cos\alpha$ 的值。

变式2:已知 $\tan\alpha = m$,求 $\sin\alpha$,$\cos\alpha$ 的值。

变式3:已知 $\sin\alpha = m$,求 $\tan\alpha$,$\cos\alpha$ 的值。

执教教师:我在进行例题教学时,充分地进行了例题的变式教学,从各个角度体现了方程思想,个人感觉教学效果良好。

　　听课教师:在例题教学中进行"变式教学"时,除了严谨性、科学性以外,还应当注意:要与"主旋律"和谐一致,即要围绕教学目标展开,防止脱离中心,主次不辨;要变化有度,即注意审时度势,不能为变而变;要因材而异,即根据不同程度的学生有不同的"变式",防止任意拔高,乱加扩充,防止为了变式而变式。本案例中,例题的变式并没有本质的变化,都是在同角三角关系与方程思想中绕来绕去,建议是:与其"变",不如"透"。

　　例题讲析的教学效果有好有差,听课教师的思考着重点也不尽相同。一节课的例题教学,实施者可能沾沾自喜,暗自得意,而听课者的感受却可能与之大相径庭;反之,也可能实施者妄自菲薄,而听课者却啧啧称赞。同一节课,有人评价好,有人评价不好,这说明例题教学存在问题。

　　实际反馈出来的教学效果分析,例题教学出现了以下情况:一方面,在教学中,数学教师经常会存在这样一些情形:有些题目不仅是讲了,而且是讲了多遍,可是学生的解题能力就是得不到提高。另一方面,也常听到学生这样的抱怨"听是听懂了,就是不会做";甚或是学生题目"漫山遍野"做了个遍,怎么也走不出自己的道;题目稍微变变面貌,就分不出东南西北了。以至在交往中,听部分教师这样总结:指望例题举一反三是空想,甚至举一反一都是梦想,实际上举三反一才是追求!

　　数学课堂上,如何进行例题教学? 我们需要思考。

5.2　反思:数学课堂正进行怎样的例题教学

5.2.1　例题教学的选题:数量、质量与教学目标

　　在平时的听课中,发现部分教师的例题教学一味地瞄准考试,以题海战术为手段,

只考虑例题的数量;例题的选择主要选高考题,自认为跟上教育改革的步伐,却不顾学情、不确定教学目标,导致例题教学出现偏差,效率不高。

案例3　"解三角形"复习课(苏教版必修5第一章)

　　某教师在解三角形的复习课上选择了四个高考题作为例题展开复习:

　　例1:(2010 辽宁(理))在$\triangle ABC$中,a、b、c分别为内角A、B、C的对边,且$2a\sin A = (2b+c)\sin B + (2c+b)\sin C$. 求(1)$A$的大小;(2)$\sin B + \sin C$的最大值。

　　例2:(2010 江苏)在$\triangle ABC$中,$\dfrac{AC}{AB} = \dfrac{\cos B}{\cos C}$. (1)证明:$B = C$;(2)若$\cos A = -\dfrac{1}{3}$,求$\sin\left(4B + \dfrac{\pi}{3}\right)$.

　　例3:(2011 江苏)在$\triangle ABC$中,a、b、c分别为内角A、B、C的对边。若$\sin\left(A + \dfrac{\pi}{6}\right) = 2\cos A$,求$A$的值;(2)若$\cos A = \dfrac{1}{3}$,$b = 3c$,求$\sin C$的值。

　　例4:(2011 浙江(理))在$\triangle ABC$中,a、b、c分别为内角A、B、C的对边。已知$\sin A + \sin C = p\sin B$ $(p \in \mathbf{R})$,且$ac = \dfrac{1}{4}b^2$。(1)当$p = \dfrac{5}{4}$,$b = 1$时,求a,c的值;(2)若角B为锐角,求p的取值范围。

　　细分析给出的每个例题,都是好题,全部选自最近几年的高考题。不过好例题聚在一起,是否就是好的例题教学? 答案是否定的。这从本节课的学生反应中也能体会到:整节课,如同温吞水,没有高潮。

　　探究原因:首先例题安排较多,整节课上,教师讲得滔滔不绝、头头是道,但学生鲜有发挥空间,当然也无法生成出亮点闪烁、异彩纷呈的课堂;其次研究内容高度重复,例1研究正弦、余弦定理及其三角恒等变形等;例2研究正弦定理及三角恒等变形;例3研究余弦定理与三角恒等变形;例4研究正弦定理、余弦定理的应用以及三角恒等变形。可以看出,本节课例题的选择迷信了高考题的标签,关注了数量而忽视了其他的相关因素。我们需要在设计例题时避免此类现象的产生。

5.2.2 例题教学中的主体:教师与学生

各种课型的数学课上,都离不开例题教学;教师关注例题教学,但学生是否关注例题教学并且能否在例题教学中有科学的角色定位?

一、例题教学案例片段

案例 4 "等比数列"习题课(苏教版必修 5 第二章,高二奥赛班)

例题:(1) 等比数列 $\{a_n\}$ 中,已知 $a_3 = -9$,$a_5 = -1$,求 a_4。

(2) 等比数列 $\{a_n\}$ 中,已知 $a_3 = -9$,$a_7 = -1$,求 a_5。

(3) 已知 -9,a_1,a_2,-1 四个实数成等差数列,-9,b_1,b_2,b_3,-1 五个实数成等比数列,求 $b_2(a_2 - a_1)$。

如果分析执教教师设计的三个例题,可以看出教师例题教学的主要目标是例题(3),而其中的焦点又是根据等比数列 -9,b_1,b_2,b_3,-1 求 b_2,其中之前的例题(1),(2)所起的作用是为例题(3)打下铺垫。因此如果对于基础较弱的学生,本组例题设计呈现了较强的梯度,考查了等比中项的知识,教学目标设定准确。但对于基础整体不错的学生,这样的例题设计与安排,相当于提前预告了学生常会犯的错误,剥夺了学生犯错误的机会,让费尽心思设计安排的例题效果大打折扣。扪心自问,其实让学生犯个错误又何妨?

从中可以看出,常见的例题教学以教师为主体,由于教师角色定位的偏差与事事包办的心理作祟,使得教师的权威成为维持例题教学的推动力。而新课程背景下的例题教学需要学生也要成为课堂的主体,学生需要对自己的学习主动承担责任,让意识和思想在师生间和学生间循环流动。

虽然教师关注了解决问题的方法和过程,但在问题解决过程中,教师包办代替的现象仍然普遍存在,学生缺少独立探究和解决问题的机会。具体体现:代替学生的思维活动,特别是拿"主意"、提"点子"、抽象、概括、表达;代替学生动手实践和亲身体验,包括代替学生犯错误。从案例 4 可以看出,"本来教学生打虎,可当学生看到老虎的时候,牙都被拔光了,已经是一只猫了,所以学生只能打猫了",从而剥夺了学生能力发展的机会,失去了情感培养的空间。

案例 5 "等差、等比数列"复习课(苏教版必修 5 第二章,高二文科普通班)

执教教师先一起复习等差数列,然后让学生利用类比的思想自行得出相应的等比数列的相关概念与性质。通过这一回顾,使学生体会到等差数列和等比数列在概念形式上的相似之处,并分析等比数列的性质。

问题 1: 在等差数列 $\{a_n\}$ 中,若 $a_{10} = 0$,则有 $a_1 + a_2 + a_3 + \cdots + a_n = a_1 + a_2 + a_3 + \cdots + a_{19-n}(n < 19,\ n \in \mathbf{N}^*)$,类比上述性质,在等比数列 $\{b_n\}$ 中,若 $b_{10} = 1$,则有_____。

问题 2: 已知等差数列 $\{a_n\}$ 的前 n 项和为 $S_n = na_1 + \dfrac{n(n-1)}{2}d$,用类比的方法,写出等比数列 $\{b_n\}$ 的前 n 项积的表达式 $T_n =$ _____。

问题 3: 若数列 $\{a_n\}$ 为等差数列,且 $a_m = a$,$a_k = b(m \neq k)$,则 $a_{m+k} =$

$\dfrac{bk-am}{k-m}$；类比上述性质，若数列 $\{b_n\}$ 为等比数列，且 $b_m=a$，$b_k=b(m\neq k)$，则 $b_{m+k}=$ _____。

问题 4：若 $\{a_n\}$ 为等差数列，则 $\{a_{n+1}+a_n\}$ 也成等差数列。由此经过类比，若 $\{b_n\}$ 为等比数列，你能得到什么结论？

问题 5：若 S_n 是等差数列 $\{a_n\}$ 的前 n 项和，则 S_k，$S_{2k}-S_k$，$S_{3k}-S_{2k}$ 也是等差数列。在等比数列中是否也有这样的结论？为什么？

撇开教学效果不谈，单从例题的设计上探讨，本组例题的设计堪称优秀：类比推理的方法对学生来说难度是比较大的，很多学生不知道从何处去类比、如何类比。数列确实是一个比较好的题材，通过相关例题的逐次解决，让学生在体验"大胆猜想，小心论证"的严谨的数学发现历程的同时，升华了对等差数列与等比数列的认识，又让学生对类比的方法、对等差数列与等比数列有了本质上的认识，与传统的数列复习课相比，不落窠臼，有所创新。

但从实际的教学效果上看，情况很不乐观，课堂节奏给人以小马拉大车的感觉，教师拖拽着学生向前，整节课变成了教师的独角戏，一声问去，应者寥寥，学生的思维跟不上教师的思维。探寻原因，所执教班级为文科类的普通班，学生的数学基础薄弱，这就明显是教师在设计例题教学的时候，把学生的主体地位忘了，只从自己的思维角度考虑，忽略了学生的知识基础与能力层次。

反思传统的以教师为主体的例题教学过程，学生在例题教学过程中，更多的是被动的参与，缺乏师生间、学生间的互动与交流空间。学生由于主体地位的被剥夺，长期的被动必然会对例题的学习和问题解决的态度欠缺主动性，他们可能会认真记笔记和听讲，可能会认真做作业，但是实际上学生有没有用质疑、同化、建构的学习方法去理解？有没有养成独立思考和分析问题的习惯？有没有去比较多种解法的优劣？有没有去考虑各种方法的适用性范围，有没有去探讨各题型间的联系？有，但为数不多！

在教学过程中，单纯的以教师为主体，导致的教学效果让教师困惑：我都讲一百遍了,你怎么还不会?! 也让学生困惑:老师,你一讲,就明白,可是自己做就不会?!

学生才是例题教学的核心对象,是引导问题展开的破冰者,是例题解决过程中的主动参与者,是例题学习过程的高潮与重场戏的创造者与实施者,是引导例题教学反思的挑战者。所以我们需要反思教师如何担任好自己的导演主体地位,学生如何做好自己的参与主体地位。

5.2.3 例题教学的功能定位:例题教学只是工具?

通过与数学教师的研讨、教研活动中听课、与学生的交流等,发现教师与学生对例题的定位更多赋予工具的角色,在实际的教学过程中,数学例题的功能也更多体现的是一种工具功能。

案例 6 "分数加法的实际意义"教学过程实录

笔者曾经有机会听过一节小学的"分数加法的实际意义"的课,一个例题的教学过程如下:

例题:有一项工程,第一天完成它的 $\frac{1}{3}$,第二天完成它的 $\frac{2}{5}$。两天一共完成这项工程的几分之几?

师问:(1)哪位同学读题?(2)单位"1"是什么?(3)这道题已知什么?要求什么?(4)如何画出线段图?(5)什么方法计算?(6)式子怎么列?(7)结果多少?(8)用加法做的原因?(9)能否回忆分数加法的意义?(10)你能记下吗?(11)分数加法如何计算?(12)你能说出这样算的道理吗?(13)异分母分数加法的计算方法是?(14)你不同意这种解法?还有别的解法?你是怎么算的?

该例题讲解给听课者最大的感受便是高频率、程序化的提问。其实不仅是小学阶段,在初高中的数学例题教学过程中类似的场景也比比皆是。分析原因,不得不说是在公开课等教学过程中展示与表演的需要,把例题教学当做是一种表演的工具,带来的结果是学生思维活动的空间被限制,发现、体验的机会被剥夺,学生只能亦步亦趋地跟在教师的后面,完全丧失了学习的自主性、主动性和创造性。

案例7 "直线的倾斜角与斜率"研讨片段

在我校的一次同课异构研讨课中,执教教师在"直线的倾斜角和斜率"一课中,设计了这样的例题变式:

例题:直线的斜率为 k,倾斜角为 α,若 $\dfrac{\pi}{4}<\alpha<\dfrac{3\pi}{4}$,求 k 的取值范围。

变式1:直线的斜率为 k,倾斜角为 α,若 $-1<k<1$,求 α 的取值范围。

变式2:已知直线的倾斜角为 α,若 $\sin\alpha=\dfrac{3}{5}$,求此直线的斜率。

变式3:已知直线 $y=x\sin A-1$,求该直线倾斜角的范围。

在概念教学课上,例题教学承担着理解概念的内涵与处延的作用,还担负着把知识转化为能力的重要使命。例题是把知识(概念)、技能、方法和思想联系起来的纽带,可以感受这个例题和练习设计,与当前内容脱节,似乎研究的是三角函数正切的图像和性质,没有把握住本节课的概念为直线的倾斜角和斜率,使得本节课的核心概念被边缘化,不能很好地起到精致概念的作用。究其原因,是教师把例题教学当做考试的预演,不自觉地偏离了概念学习的目的。

教师对例题教学的功能定位显得单一,存在以下现象:其一,很多教师都把精力投入到了解题方法的研究上,一味地追求例题的多种解法和展示特殊技巧,却没有深入思考例题教学本身应体现的目标、价值、功能等;其二,由于考试的教学压力,教师教学目的更多指向学生的试卷分数,而较少关注学生在学习数学时的爱好和情感体验,因此数学课堂例题教学的教学效果往往难达预期;其三,同样由于遵循考试的指挥棒,忽视知识体系的系统化,基本上呈现一种"指哪打哪"的状态,不考的坚决不讲。

例题教学是知识理解与能力提升的纽带与载体,在数学教学过程中,例题教学是至关重要的一环,如何去除例题教学功能的纯工具化定位,实现例题教学效果的最优化,需要我们深入反思。

5.3 重构:实施有效例题教学

5.3.1 正确认识例题教学

一、例题教学的功能

数学学习从例题开始,数学例题的教与学蕴涵着多种功能。如果只把例题教学的功能定位为工具,只显得太过单一。例题教学的功能定位应该是实现各种功能的载体,而不是沦为考试与表演的工具。

以例题学习为载体,巩固了学生的基础知识、训练了学生的基本技能、发展了学生的智力、开拓了学生的创新精神。通过解决例题的思路、分析问题的方法、教师的语言、板演、师生的交流、学生的自我消化与反思等,学生逐渐学会了数学的思维,逐步掌握了对应问题的解决方法,在已有的知识结构上重新建构了自我知识体系,也实现了从感性体验到理性思维的飞跃。

以例题学习为载体,学生渗透了知识的从简单片面理解到复杂全面掌握,逐步建构了知识网络,形成了必要的技能。通过数学的情境例题导入新知,通过数学例题运用知识,通过数学例题巩固知识,这是数学例题的教学功能。

以例题教学为载体,通过感受数学例题解决,激发学习数学的动力,感受辩证唯物主义理论,体味科学主义和人文主义思想。在每个数学例题教学中都会有相应程度的展示:如建立两个变量之间的函数关系,就是用联系的观点、运动的观点思考问题;例题解析过程中的问题转化,就是矛盾的联系与变化。这是数学例题的教育功能。

以例题教学为载体,通过例题教学可以逐步提高学生的逻辑思辨能力、演绎推理能力,培养数学思维能力和数学计算能力。在探求解决例题思路时,在解读分析数学例题、推理计算数学例题等过程中,例题解决后的及时反思里,都可以培养思维的创造性,实现思维训练功能。

以例题教学为载体,还可以实现情商培养功能:比如解题过程艰难曲折,可以促进学生的注意力、观察力、情绪与意志等情商范畴元素的发展,待问题解决达到一定的量后,学习者就会变得成熟起来,这特别有助于培养学生真诚、正直、坚韧和勇敢的性格[①];数学例题的功能还能给与学生以美的感染:从数学内容看,有概念之美、公式之美、体系之美等;从数学的方法及思维看,有简约之美、类比之美、抽象之美、无限之美等;数学问题条件设置的和谐性、独立性,形式的对称性和形象性,算法的合理性、简练性和独创性,一题多解的多样性,都可以给学生以美的教育。

二、例题设计的原则

数学例题主要是用来说明基本数学知识或数学思想的内涵和外延,培养学生应用所学知识解决具体问题的一般思路。根据问题解决理论,数学例题的选择以及设计应该依据教学的目的,结合数学教学内容的特点与结构,结合学生学习的规律和学生学习的实际情况,设计问题的发生、发展和解决,让学生通过自己做数学来发现数学的本质,以反思和建构达到举一反三,最终逼近问题目标状态。

1. 梯度呈现,例题设计系统化

根据最近发展区理论,例题设计要贯彻循序渐进的教学原则,从易到难,由浅入深,设计阶梯,符合学生步子的大小。也就是说,要根据高中学生相关阶段的年龄特

---

① 辛钦著,王汇林译. 中学数学的基本概念与定义[M]. 长春:吉林出版社,1998:17.

征、知识水平去把握例题的坡度。各个例题都需要考虑学生相应的基础知识，并预留学生的思考空间，为学生的思维保留余地。对于一些需要逐步思索解决的问题，就可以将逐步思索的问题按次序地设计相应的子问题，层层递进地帮助学生实现预设的最终目标。经验证明，事实上往往"欲速则不达"。必要时还应该设置环形阶梯，螺旋上升，反复巩固。①

例题设计的系统性包括两个方面：(1)在同一节课上，体现知识的系统性和思维的系统性，在设计例题时应把学生已有的或将有的知识点加以概括、巧妙合理地串在一起，使学生通过本节课获得相关方面的系统知识；明确思维的起点和方向，理清思维的顺序，目的在于为学生指明探究新知识的思考方向，减缓思维坡度。(2)各阶段或各节课之间的例题设计的系统性，在知识的联络网基础上，找准新知识的支撑点，分析新旧知识的衔接区，复习那些与新知识有直接关系的旧知识。使知识结构向智能结构转化。

通过对例题蕴含的知识进行纵向深入的探究，加强知识的横向联系，把例题所蕴含孤立的知识"点"，扩展到系统的知识"面"。通过不断地拓展、联系、加强对知识结构的理解，进而形成认知结构中知识的系统性。

2. 信息整合，例题预设目的化

数学例题的形成、内容和难度都是因教学目的而异，任何一道例题的出现都应有明确的目的，可以是针对教学目标、针对知识点、针对学生的学习现状等，例题解决的目的性是为了有的放矢地进行教学工作。在例题教学中每个例题都要典型地反映它在教学中的作用，具体例题的设计目的可以是理解应用某概念（定理），也可以是具体渗透掌握某些思想方法，当然也可以是两者同时进行，兼而有之。有的例题帮助学生引入概念；有的例题帮助推导某一个结论；有的例题帮助学生掌握解题技巧；有的帮助学生强化格式与规范。所以，教师在备课时要根据不同的需要进行深入钻研，切实针对不同环节、不同目的来设计例题。

---

① 余震球. 维果斯基教育论著选[M]. 北京：人民教育出版社，2005：78.

　　在例题学习过程中,有时学生的知识结构中缺乏与之联系的适当知识,或者虽有适当的知识,但是不稳定、不清晰,难以成为解决例题的思维固着点。教师应该有目的地让学生把握例题解决涉及的知识,否则如不对相应的概念和相关定理进行必要的解读,将会使整个例题解决过程处处都有难点而失去教学重点。其结果不仅会让学生失去对例题的注意关注,而且还必将有学生难以理解老师例题教学的内容。有的才能放矢,因此例题的预设必须确定目的(即需要让学生了解什么,学生欲解决什么),再考虑实现目的达成过程中可能出现的一些困难及如何克服这些困难。

　　3. 选例精巧,知识掌握网络化

　　要选编精巧例题,例题安排的内涵要丰富,要注重结果,要注重质量,要为学生提供具体丰富的素材,要帮助学生经历数学知识的再发现、再创造过程,从而让学生对数学概念的理解、知识原理的掌握、方法的认识等从孤立化走向网络系统化。因此,例题选编时也应考虑各知识间的内在联系与知识本身的体系结构,使例题教学中的例题安排知识生成符合学习者在认知结构中的顺序。以期"一题多解,达到熟悉;多解归一,挖掘共性;多题归一,归纳规律;多点成面,内容成网"。

案例 8　"圆锥曲线中的点差法"教学片断(高三一轮"圆锥曲线"复习课)

　　例题 1:直线 L 的斜率等于 $\dfrac{1}{2}$,且与等轴双曲线 $x^2 - y^2 = 1$ 相交于 A,B 点,随着 L 平移变化,线段 AB 的中点 $M(x, y)$ 满足的轨迹方程是_____。

　　学生提出的思路多是从条件开始,先设直线 L,求出 M 的坐标(用 k 表示),消去 k 得出轨迹方程 $y = 2x$。在肯定学生的思路的前提下,教师又作以下的引导:题设的条件和结论中均涉及线段 AB 的中点及直线斜率，是否可以采用一种"设而不求"的想法？经过逐步引导后学生得出下面的解法：

解：设点 $A(x_1, y_1)$，$B(x_2, y_2)$。

∵ 点 A、B 在双曲线 $x^2 - y^2 = 1$ 上，

∴ $x_1^2 - y_1^2 = 1$　(1)，$x_2^2 - y_2^2 = 1$　(2)，

∴ (2)−(1)得 $\dfrac{x_1 + x_2}{2} - \dfrac{y_2 - y_1}{x_2 - x_1} \times \dfrac{y_2 + y_1}{2} = 0$　$(x_1 \neq x_2)$，

由条件知：$k = \dfrac{y_2 - y_1}{x_2 - x_1} = \dfrac{1}{2}$，$x = \dfrac{x_1 + x_2}{2}$，$y = \dfrac{y_1 + y_2}{2}$.

代入上式得：$x - \dfrac{y}{2} = 0$，∴ 所求点的轨迹方程是 $y = 2x$.

再引导学生分析、归纳该解法的适用条件，并命名为"点差法"。有了这样的基础知识，教师又紧接着提出下列问题：

例题 2：已知直线 $x + y - 1 = 0$ 与椭圆 $mx^2 + ny^2 = 1$ 交于 A，B 点，线段 AB 的中点与原点所连直线的斜率等于 $\dfrac{\sqrt{2}}{2}$，求 $\dfrac{n}{m}$ 的值。

例题 3：椭圆为标准方程，其中焦点坐标为 $(0, \pm 5\sqrt{2})$，直线 $3x - y - 2 = 0$ 被椭圆所截得弦的中点横坐标为 $\dfrac{1}{2}$，求椭圆方程。

学生根据刚学到的知识，对照条件不难得到如下分析。

例题 2 的条件既涉及了弦的中点和又涉及了弦所在直线的斜率，符合应用"点差法"的特征，因而也采用"点差法"解决问题，从而所求的 $\dfrac{n}{m} = \sqrt{2}$。

例题 3 中由椭圆的焦点坐标可得：$c^2 = 50 = a^2 - b^2$，将中点横坐标代入直线方程可得中点坐标为 $\left(\dfrac{1}{2}, -\dfrac{1}{2}\right)$，运用弦的中点和弦所在直线的斜率关系，设出弦的端点坐标代入椭圆方程，可得到关于 a^2，b^2 的又一

个方程。联立方程组，求得椭圆方程为 $\dfrac{x^2}{25}+\dfrac{y^2}{75}=1$。

在以上 3 个例题解决的基础上，学生已经对"点差法"有了一定认识，但此时仍停留在感性的层面，学生的思维仍不够深刻，即遇到稍复杂的问题仍不能灵活运用该方法。为了让学生深刻理解此方法，并且和其他知识结合到位，教师又设计了以下两个系列问题：

例题 4： 已知椭圆 $\dfrac{x^2}{20}+\dfrac{y^2}{16}=1$ 交 y 轴的正半轴于点 B，与直线 L 交于 M、N 两点，并且椭圆的右焦点是 $\triangle BMN$ 的重心。求直线 L 的方程。

例题 5： 已知椭圆的焦点是 $F_1(-4,0)$、$F_2(4,0)$，过点 F_2 且垂直于 x 轴的直线与该椭圆的一个交点为 B，且 $|F_1B|+|F_2B|=10$。椭圆上不同的两点 $A(x_1,y_1)$、$C(x_2,y_2)$ 满足条件：$|F_2A|$、$|F_2B|$、$|F_2C|$ 成等差数列。(1) 求该椭圆的方程；(2) 求弦 AC 中点的横坐标；(3) 若弦 AC 的垂直平分线的方程为 $y=kx+m$，求 m 的取值范围。

例题 4 解析：由题目中三角形重心的条件，可计算得弦 MN 的中点，所以要求直线的方程，即只需求出直线的斜率，符合"点差法"的使用特征。

例题 5 解析：本题涉及等差数列、椭圆的定义、弦的中点及直线与圆锥曲线的位置关系等，属于综合问题。在第一小题中，根据条件，由椭圆的定义求得椭圆方程 $\dfrac{x^2}{25}+\dfrac{y^2}{9}=1$，第二小题中，因为 $|F_2A|$、$|F_2B|$、$|F_2C|$ 长度成等差数列，则借助椭圆的第二定义可求得弦 AC 中点横坐标等于 4；第三小题难度较大，根据第二小题结论使用"点差法"构造出直线 AC 的斜率与弦 AC 中点的纵坐标的关系，从而与 m 建立了联系，寻找不等关系 $-\dfrac{9}{5}<y_0<\dfrac{9}{5}$，得 m 的范围是 $\left(-\dfrac{16}{5},\dfrac{16}{5}\right)$，在此基础上再让学生动笔练习。

4. 反思积极,自我解释常态化

课堂教学中例题的设计要特别注意为学生创造更多的反思机会,保证足够的思维容量,充分激发学生的内在动机,努力发展学生的潜在能力。使学生在认识所学的知识、能够做到自我解释所学知识的同时,智力水平、知识结构得到发展提高,避免出现"例题千万道,解后抛九霄"的尴尬情况。教师通过反思例题的有效设计、方法的归类、规律的小结和技巧的揣摩,再进一步作一题多变,一题多问,一题多解,挖掘例题的深度和广度,扩大例题的辐射面,无疑对教师执教能力的培养和思维品质的提高是大有裨益的。

通过一题多解,通过变式题组教学,探究式教学让学生对知识的应用及掌握要注意的问题,同时也提高了学生分析问题、转化问题的能力。例题教学后,应该引导学生反思同一个问题的多种解法之间的联系与区别,思考不同解法适用的特点,同时可以让学生自己去找相关的问题,类似的题型还有哪些?然后在课堂上相互交流,总结规律,培养学生多思考的习惯,提高数学学习能力,才能真正给予学生以发展空间。

例如在导数的应用中,学生欠缺的不是给出函数不会求导,也不是不会应用导数来求函数的单调区间或者是求极值、最值等的能力,而是从不同的问题背景中找出解决问题的方法。学生无法从问题中分析是利用函数的极值或是最值来解决问题,不知道如何把问题转化为一般的解题方法,如果老师能够引导学生进行一题多解或是多解一题,进行有意义的学习,开阔学生的视野,开拓思路,沟通知识,掌握规律,使学生的解决问题、分析问题的能力有更进一步的提高。

三、数学例题教学的本质追求:问题解决与能力提升

对于数学学科的学习,例题教学是知识理解与能力提升的纽带与载体,例题教学显得特别重要,因为它贯穿着整个数学教学的始终。邵光华博士总结例题学习有以下几个优点:(1)学生的学习通常习惯于通过参考例题来处理问题,而较少直接利用现有的规则。从中可以看出,通过例题的学习,强化了知识与技能的获得。因此,数学教学中有必要注重例题教学,使学生通过相应数量例题的学习,更好地掌握相关例题,从中获得知识和技能。(2)通过例题的学习实现知识的类比,是学生学习知识的重要方式,

相当多的学生没有例题的引领就无法使用公理、公式、结论解决问题。因此引领、规范是例题的一项基本功能。(3)通过有效的例题学习,可以为学生搭建有效的知识框架体系和解决问题的正确程序,因而可以提高学习的效率和有效地降低学习者的学习负荷。也指出了例题学习的一些弊病:通过例题学习的学生通常不能解决稍有迁移的问题,大多数的学习错误可以归咎于学习者把例题不恰当地匹配到当前问题上来。①

任何一个完整的数学思维过程都要经历发现问题——解决问题的阶段。实际上,数学问题的解决过程,就是不断地发现问题,分析问题,直到归结为熟知的问题为止。以数学问题为中心的问题解决教学模式,提倡创设问题情境,激起学生的求知欲望,在教师的引导下,通过学生独立思考和交流讨论等形式,对数学问题进行求解、发展和延伸、迁移与变形等环节,培养学生处理信息、获取新知识、运用新知识的能力。在数学例题教学过程中我们需要实现问题解决,一方面要重视学生的主体作用发挥,另一方面要重视教师主导作用发挥。在教学时二者共同起作用,灵活调控。比如在讲到探索、猜想、发现等方面的问题时,在发挥学生主体作用的前提下,要较多地启发、诱导和点拨,适当地侧重于"教",有时候可以直接教给学生完整的猜想过程。在例题教学过程中,让学生感受完整的解决实际问题的过程并学会较为系统地解决问题的常用方法,实现学生实际解决问题能力的提高,是数学教师的努力方向与追求。

从教学实践来看,数学概念的理解,教学重难点的落实以及学生不太明白的知识点、易错点等都需要通过例题教学来强调、落实,并且数学例题教学也是数学规范的养成、意识的培养与思维能力提升的一条重要途径。因此,我们对例题教学效果的本质追求是:问题解决与能力提升。

5.3.2 实施有效的例题教学

在例题教学中,我们提出双主体概念:教师与学生都是例题教学的参与者与实施者。

---

① 邵光华.数学样例学习的理论与实证研究[D].上海华东师范大学博士学位论文,2003.

下面以三个时间阶段即课前、课中、课后,进行分析教师与学生如何参与实施例题教学。

一、课前

系统论原理告诉我们,世界上的一切具体事物,都是以系统的形式存在着,自成系统或从属于一个更大的系统。如果我们把某一例题教学看作一个系统(整体),则该系统中的相关人和事是该系统的子系统(局部)。

数学教师应当是例题教学的总设计师,在例题的形式设计上应稳中求变,变中求新,新中求精,给学生带来新奇和挑战,启发与冲击;在例题的内容设计上,要以复习和巩固知识要点为目标,要根据学生的认知规律和心理特征精心设计教学内容与过程,既要兼顾后进生的能力水平,又要让优等生有思维创新的机会。这样才能激发学生的解题欲望,让学生得到全面发展,让知识的掌握做到系统化。

课前例题教学设计实施主体由教师完成,学生的角色是被动参与,即通常所说的备教材、备学生,得出"数学课堂设计的例题应抓基础、重过程、渗透思想、突出方法、强调应用、注重创新、拓宽视野、提高能力、兼顾群体"。

二、课中

在课中例题教学的实施过程中,对于教师,主要考虑何时出示例题,如何讲析例题。

更多的情形下,课堂教学中数学例题出示前做好铺垫工作,让学生跳一跳就能摘到桃子,以便学生做好新旧知识的衔接,以更快的速度深入例题,是用来实现让学生自主完成由"易"到"难"的推理过渡,掌握解题的一般规律和方法,培养学生独立分析、判断、解决问题的能力,真正意义上做到"教师不讲或少讲"。

数学例题的"难易"程度,对学生而言,关键是"铺垫"这个环节是否到位、准确。教师出示例题前要铺垫:可以铺垫情境便于学生融入感受、铺垫知识方法防止知识空缺、铺垫思想观念引领学生思考。因此,数学例题出示前铺垫得好,就可以让学生实现"新"与"旧"、"难"与"易"、"繁"与"简"、"小"与"大"的转化,突破思维的特点。因此,何时出示例题? 结论:铺垫好了就可以出示例题;铺垫的要求,补位而不越位。

教师课上讲析例题过程中要暴露思维,现代数学教学理论认为:数学是思维活动的过程,数学教学就是数学思维活动的教学。[①] 解决具体的数学问题的思维过程看成是数学思维的微观过程,把解决一类数学问题某一个阶段的数学思维过程称为数学思维的宏观过程,因此,例题教学是一个不断地聚合——发展的过程,又是一个由具体——抽象——具体的辩证过程。

张乃达先生指出数学教师是例题教学过程的组织者和积极参加者,他担负着调控教学过程的主导作用。[②] 在例题教学过程中,数学教师要致力于暴露数学思维的过程。既要暴露原始知识创造的思维过程,又要暴露学生的思维过程,还要暴露教师自己的思维过程。因此,教师在例题教学中的主要任务是:

(1) 根据数学知识结构,重塑数学知识产生、发展的过程。进而根据学生的思维特点与水平,制定出学生学习的"序列"。

(2) 指导、调控学生的思维活动,使学生的思维活动与成功的数学思维活动"同步",逐步实现学生思维结构由低向高的转化。通过教师合理的指导,可以大大地缩短获得这种成果的过程。

(3) 分析各种数学思维活动的过程,帮助学生发现思维中的错误,总结思维的规律、方法和技巧。

在例题教学中,教师只要具有充分暴露这个过程的愿望,又能根据客观存在的思维进展规律,要讲在学生对例题的需求点、兴奋点、思考点和感悟点上,就可以设计出适合学生水平的教学程序,就可以在例题教学过程中,动用自己的教学机智,激发学生暴露展示思维,把例题讲透、讲活、讲高,保证例题教学效果的最优化。

在例题教学的实施过程中,学生——作为实施与参与的另一主体,主要考虑如何审题,在例题学习中如何建构自己的知识体系。例题出示后,好多学生只是粗略地读一遍题就等着老师讲,把自己定位为一个课堂的观众,而不是例题教学过程中的参与者,难以达到较好的学习效果。教学实践表明一道例题出示以后,凡是没有学会流利

---

① 丁尔隆.数学研究会 1984 年年会报告[J].中学数学教学,1985(1).
② 张乃达.数学思维教育学[M].江苏:江苏教育出版社,1990.

地、有理解地阅读的学生,他是不可能顺利地掌握知识的,在课堂上出示例题后,学生应做到边读边思:由题中的哪些数学语言想到哪些相关的性质定理,题目的条件与结论中有哪些明显的特征,题目的条件与结论如何转化等等问题。在听教师讲析例题时,要边听边思:或思分析方法,或思不同解法和答案,或思数学思想,或思得分点,或思自己知识漏洞,不同程度的同学在听讲时要有不同的思考。

三、课后

由原有图式的改造而形成新的图式的过程,被皮亚杰称之为"反身抽象"。在人的各个阶段的认识发展中,各种图式总是不断地发展为新的图式. 这实际是原有图式的平衡被新的活动对象所打破时,主体就要使原有的图式向着新的平衡状态发展,达到新的平衡,实现思维与认识的提高。

教师需要对例题教学进行反思。只有及时总结成功或失败的经验,才能使课堂教学的有效性得到提高。教师的反思意识是教师改变其数学教学行为的基础,通过实践性反思可以使其数学教学活动更理性、更自觉。老师在例题教学课后要反思预先的例题目标设计是否合理;反思课堂的动态生成处理是否得当;反思例题的教学效果是否得到落实。数学教师通过不断地反思自己的例题教学的理念与行为,不断地进行自我调整、自我构建。

学生对学过的典型例题及方法进行反思,才能增强"数学思维"、"数学感觉",逐步构建知识"模块",不断汲取其中的智慧营养,才能体味出深埋于知识"模式"中的数学思想与意识。这是从量的积累到质的飞跃过程,只有靠"反思——消化——吸收"才能"升华",摆脱机械的模仿,到达知识与能力的本质。

案例9 "解三角形——正弦定理习题课"公开课片段(苏教版必修5 第一章)

教师在对解三角形中的相关知识进行铺垫后,给出了例题例 1：如图，在 △ABC 中，已知 CD⊥ AB 于 D，请从图形面积的角度写出一个有关△ABC 的恒等式，并加以证明。

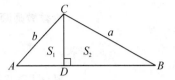

师生共同探究，得出了一个有关面积的恒等式：记 $S_1 = S_{\triangle ACD}$，$S_2 = S_{\triangle BCD}$，$S = S_{\triangle ABC}$。

（1）由 $S_1 + S_2 = S$ 及面积公式有

$$\frac{1}{2}b\cos A \cdot b\sin A + \frac{1}{2}a\cos B \cdot a\sin B = \frac{1}{2}ab\sin C,$$

即有：$a^2\sin 2B + b^2\sin 2A = 2ab\sin C$。

引出问题：能否用解三角形的知识证明上述恒等式？

（在学生看清了恒等式的"真面目"前提下，教师顺势引导学生思考如何证明？可从角化为边与边化为角两个角度去完成，学生独立完成恒等式证明）

（2）类似地思考，能否给出其他的恒等式？并利用解三角形知识给出证明。

学生给出：$\dfrac{S_2}{S_1} = \dfrac{BD}{AD}$，推出 $\dfrac{\frac{1}{2}a\sin B \cdot a\cos B}{\frac{1}{2}b\sin A \cdot b\cos A} = \dfrac{a\cos B}{b\cos A} \Rightarrow a\sin B =$

$b\sin A$，这是一个显然成立的恒等式。

学生在教师的引导下还给出：

$$\frac{\frac{1}{2}a\sin B \cdot a\cos B}{\frac{1}{2}b\sin A \cdot b\cos A} = \frac{a\cos B}{b\cos A}$$

$$\Rightarrow \frac{a^2\sin B\cos B}{b^2\sin A\cos A} = \frac{ab\sin A\cos B}{ba\sin B\cos A} = \frac{\sin A\cos B}{\sin B\cos A} = \frac{\tan A}{\tan B}\ (A,\ B \neq 90°)$$

执教教师顺便给出习题:在△ABC中,已知$\dfrac{a^2}{b^2}=\dfrac{\tan A}{\tan B}$,判断△$ABC$形状。

由(2)推导结论,容易得出 $\sin 2B = \sin 2A$,因为在 △ABC 中,所以 $2A = 2B$ 或 $2A + 2B = \pi$,所以 △ABC 为等腰三角形或者直角三角形。

执教教师:能否用解三角形知识给出证明? 学生独立完成证明。

(3) 如下图所示,设 $\angle A > \angle B$,作 $\angle BCE = \angle A - \angle B$,则 $S_2 - S_1 = S_{\triangle BCE}$,那么以上恒等式是否一定成立,如何证明?学生展开思考探索。

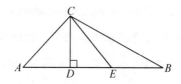

执教教师:以上(1)—(3)从三个面积出发探索了一些三角形的边与角的恒等式,从中我们看到这些恒等式产生的根源,你们由此还可以做一些更深入的研究,找到更多的恒等式,并利用三角的工具加以证明。

这是一节展示课,从教学内容上分析,执教教师没有按照课本上的设计思路去讲解,在考虑学生学情的基础上,重新编排了教学内容,设计了有意义、有深度的问题,并且把一些封闭性的问题设计成了开放性问题,有层次,有梯度。在教学过程中,动用自己的教学机智,激发学生暴露展示思维,教师对教学内容前后铺垫,层层深入,对例题的讲解,讲在了学生的需求点、兴奋点、思考点和感悟点上激起了学生课堂的探究与参与的欲望,整节课堂气氛很活跃。知识的产生上,让学生做到了知其然,更知其所以然,做到了把例题讲透、讲活、讲高,保证例题教学效果的最优化。例题教学的最后,既有总结,又引出了教学后的反思点,例题讲完了,思考还在延续!

5.4 优秀例题教学案例

案例内容:专题课"阿波罗尼斯圆的认识"

1. 背景描述

课堂教学过程是一个个思维的火花在特定情境中的探求与交流、蔓延与燃烧的动态过程,是"精心设计"与"系统生成,和谐统一"的过程。高中数学课堂上的例题教学,应当遵循最近发展区理论,让学生"跳一跳能摘到桃子"。例题设计要贯彻循序渐进的教学原则,从易到难、由浅入深来设计阶梯,符合学生步子的大小。也就是说,要根据高中生相关阶段的年龄特征、知识水平把握例题的坡度,必要时还应该设置环形阶梯,螺旋上升,反复巩固。

例题设计成功的显性特征就是能激发学生研究例题的兴趣,学生在行动上能积极地参与。因此设计的例题要能激发学生思维上的呼应与共鸣,难度太低或太高均不符合要求。例题设计需要考虑学生相应的基础知识,并预留学生的思考空间,为学生的思维保留余地。对于一些需要逐步思索解决的问题,可以将逐步思索的问题按次序的设计相应的子问题,层层递进地帮助学生实现预设的最终目标。

例题设计的系统性包括两个方面:(1)在同一节课上,体现知识的系统性和思维的系统性,在设计例题时应把学生已有的或将有的知识点加以概括、巧妙合理地串在一起,使学生通过本节课获得相关方面的系统知识;明确思维的起点和方向,理清思维的顺序,目的在于为学生指明探究新知识的思考方向,减缓思维坡度。(2)各阶段或各节课之间的例题设计的系统性,在知识的联络网基础上,找准新知识的支撑点,分析新旧知识的衔接区,复习那些与新知识有直接关系的旧知识。使知识结构向智能结构转化。

通过对例题蕴含的知识进行纵向深入地探究,加强知识的横向联系,把例题所蕴含的孤立的知识"点",扩展到系统的知识"面"。通过不断地拓展、联系、加强对知识结构的理解,进而形成系统的知识认知结构。

下面以笔者在高三二轮复习中开设的一节"阿波罗尼斯圆的认识"专题课,体现例题教学从个体到整体,系统地实现知识生成的实际过程。众所周知,平面内到两定点的距离之比为常数(不等于1)的点的轨迹是圆,这个圆就是阿波罗尼斯圆。翻一翻历年高考题,可以看出高考命题者对阿波罗尼斯圆的青睐,高考命题者经常借鉴阿波罗尼斯圆这一科学背景,以最易为中学生所接受的解析几何形式进行编拟。因此有必要在高三的二轮复习中开设"阿波罗尼斯圆的认识"专题课。

2. 过程实录:

课前探究,教师给出例题1:

例1:已知平面上动点 M 分别到点 $O(0,0)$,$A(3,0)$ 的距离的比值等于 $\dfrac{1}{2}$,请探求动点 M 的轨迹图形。

通过设点、构建等式方程、化简等步骤后,最终得到动点 M 的轨迹方程,并分析对应的轨迹图形是圆。联系圆的原始定义"到定点的距离等于定长的动点轨迹是圆",辨析对比后提出思考:对此处的结论是否奇怪,这是偶然还是必然? 这是否是圆的又一种定义?

在无疑处生疑,激发学生兴趣,引起学生思考。在学生们进入考虑状态时,进一步方法性提示:不妨在此题的模式下,变动相应的某些元素(改变点,改变比值),其结果如何? 让同学探求。

例2:已知平面上动点 M 分别到与两个相异定点 M_1,M_2 的距离的比值等于 $m(m>0)$,求动点 M 的轨迹图形。

结论为:当 $m\neq1$ 时,方程变形为:$\left[x+\dfrac{a(1+m^2)}{1-m^2}\right]^2+y^2=\left(\dfrac{2am}{1-m^2}\right)^2$,此方程表示圆心为 $\left(\dfrac{a(1+m^2)}{m^2-1},0\right)$,半径是 $\left|\dfrac{2am}{1-m^2}\right|$ 的圆。当 $m=1$ 时,点 M 在线段 M_1M_2 的垂直平分线上,方程为 $x=0$,即 y 轴。

同学们惊奇地发现,动点 M 的轨迹仍是圆! 有疑处探疑,由特殊到一般,实现知识的升华。这时,进一步引出更一般的问题:给出圆的另外一定义即阿波罗尼斯圆:一般地,平面内到两个定点 $M_1(-a,0)$, $M_2(a,0)$, $(a\neq 0)$ 的距离之比为正常数 $m(m\neq 1)$ 的点的轨迹是以 $\left(\dfrac{a(1+m^2)}{m^2-1},0\right)$ 点为圆心, $\left|\dfrac{2am}{1-m^2}\right|$ 长为半径的圆。类似于圆锥曲线的第二定义,我们将"平面内到两个定点距离之比为正常数 $m(m\neq 1)$ 的点的轨迹为圆"称之为圆的第二定义,学界称之为"阿波罗尼斯圆"。

在上述一组例题的系统设计下,既激发了学生的学习兴趣,又掌握了阿波罗尼斯圆。并且在此过程中,学生渗透了数学文明史教育,设疑、探疑的过程也再现了科学探索的流程。

阿波罗尼斯圆的应用:

高考链接(2008年江苏卷第 13 题):若 $AB=2$, $AC=\sqrt{2}BC$,则 $S_{\triangle ABC}$ 的最大值是_____。

简析:设 $A(-1,0)$, $B(1,0)$,动点 $C(x,y)$,由 $AC=\sqrt{2}BC$,根据阿波罗尼斯圆定义可得 C 点的轨迹是圆,化简得出结论:点 C 在以 $D(3,0)$ 为圆心,$2\sqrt{2}$ 为半径的圆上(不含与 x 轴交点),则顶点 C 到底边 AB 距离的最大值为 $r=2\sqrt{2}$,故 $S_{\triangle ABC}$ 的最大值为 $\dfrac{1}{2}\times 2\times 2\sqrt{2}=2\sqrt{2}$。

充分利用例题内涵,营造探究背景,调动了学生学习兴趣。为进一步培养学生的实际应用能力,例题教学时又选配了相关的应用题,设计了例题3:

例3: 2009 年汶川"5·12"震后,"一方有难,八方支援"。全国支援灾区汶川,记为 C 点,全国支援救灾物资持续抵达中转站 B 点(图见右下),线段 $AB=100$ km 位于火车运输线上,已知灾区 C 距离铁路 $CA=20$ km,指挥部拟在线段 AB 上某点 D 处,打通一条笔直公路通往 C 处。已知相同条件下,铁路与公路上的物资物流费用之比为 $3:5$,为使救灾物资从中转站 B 运到灾区 C 的总费用最少,点 D 应如何选址?

解:如图所示,建立平面直角坐标系,设动点 $P(x,y)$,且点 P 到两定点 A、C 的距离比值为 3∶5，所以 $\dfrac{\sqrt{x^2+y^2}}{\sqrt{x^2+(y-20)^2}}=\dfrac{3}{5}$，经整理

化简得动点 $P(x,\ y)$ 的轨迹方程为 $2x^2+2y^2+45y-$

$450=0$，令 $y=0$，得 $x=\pm\,15$（舍正值），即得点

$D(-15,0)$，则 $DA=15$，$DC=25$，所以点 D 位于线

段 AB 上距离 A 点 15 km 处。

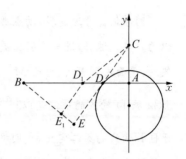

　　下证点 D 即为选址所定的点：过点 B 作 CD 所在直线的垂线于点 E，取线段 BA
上异于点 D 的任一点 D_1，再连接 CD_1，作 $D_1E_1\perp BE$ 于 E_1。设每吨物资运输 1 km 在铁
路上的费用为 $3k(k>0)$，则每吨物资运输 1 千米在公路上的费用为 5k，考虑选址在 D_1
时，那么此时总共物流费用为 $(3BD_1+5D_1C)k$，而 $\triangle BE_1D_1\backsim\triangle BED\backsim\triangle CAD$，所以

$\dfrac{BD_1}{E_1D_1}=\dfrac{CD}{AD}=\dfrac{25}{15}=\dfrac{5}{3}$，所以 $3BD_1=5E_1D_1$，

　　于是总费用 $y=(3BD_1+5D_1C)k=(E_1D_1+D_1C)5k\geqslant(CD+DE)5k=5kCE$，
当且仅当三点共线时取等号．综上所述，点 D 即为所求的选址点。

　　通过以上设计的例题教学，一方面符合特殊到一般的数学思维方式，展现了实
践——理论——实践的知识生成规律；另一方面也训练了学生如何将实际问题转化抽
象为数学问题，提高了建模能力。如此例题教学设计符合建构主义学习观，符合高中
年龄阶段学生的思维特征，也能够促进创造思维能力的培养。

第六章

数学课堂小结的反思与重构

6.1 现状：课堂小结显性化已成为数学课堂教学的显性特征

课堂小结是数学课堂教学的重要环节，一线数学教师已将课堂小结落实到实际数学课堂教学之中，使得课堂小结显性化已成为数学课堂教学的显性特征。考察当前的数学课堂教学，随处可见教师在课堂小结中进行着这样的提问："在本节课的最后，请同学们回顾本节课我们学习了什么？"还有不少一线数学教师会以板书的形式呈现相应的知识框架。

案例 1 "函数的单调性"的课堂小结

（1）函数单调性的概念：一般地，设函数 $y = f(x)$ 的定义域为 A，区间 $I \subseteq A$。如果对于区间 I 内的任意两个值 x_1，x_2，当 $x_1 < x_2$ 时，都有 $f(x_1) < f(x_2)$，那么就说 $y = f(x)$ 在区间 I 上是单调增函数，I 称为 $y = f(x)$ 的单调增区间。如果对于区间 I 内的任意两个值 x_1，x_2，当 $x_1 < x_2$ 时，都有 $f(x_1) > f(x_2)$，那么就说 $y = f(x)$ 在区间 I 上是单调减函数，I 称为 $y = f(x)$ 的单调减区间；

（2）函数单调性的判断方法：取值、作差、变形、判断；

（3）函数单调性中几个值得注意的问题：

（i）函数单调性定义中两个自变量 x_1，x_2 是任意取值；

（ii）若一个函数的单调增（减）区间不止一个，在表述单调增（减）区间时用"和"连接，不能用符号"$\bigcup$"。

案例2 "椭圆的标准方程"的课堂小结

(1) 我们是如何建立椭圆的标准方程的？建系、设点、列式、化简

(2) 椭圆的标准方程是什么？

焦点在 x 轴上的椭圆的标准方程为 $\dfrac{x^2}{a^2}+\dfrac{y^2}{b^2}=1\,(a>b>0)$；

焦点在 y 轴上的椭圆的标准方程为 $\dfrac{y^2}{a^2}+\dfrac{x^2}{b^2}=1\,(a>b>0)$；

椭圆的标准方程为 $Ax^2+By^2=1\,(A\neq B,\,A>0,\,B>0)$。

案例3 "基本不等式"的课堂小结

(1) 基本不等式：$\dfrac{a+b}{2}\geqslant\sqrt{ab}\,(a\geqslant 0,\,b\geqslant 0)$；

(2) 常见的变形：$ab\leqslant\left(\dfrac{a+b}{2}\right)^2(a,\,b\in\mathbf{R})$；$a+\dfrac{1}{a}\geqslant 2(a>0)$；

$\dfrac{b}{a}+\dfrac{a}{b}\geqslant 2\,(ab>0)$；

(3) 基本不等式使用条件：一正、二定、三相等。

    虽然当前课堂小结教学正呈现显性化的特征，但若要考察数学课堂小结的内涵、内容与核心等相关教学现状，反思当前课堂小结教学过程出现的问题，就不得不引发我们对课堂小结教学这一教学行为作更深层次的思考。

6.2 反思：数学课堂正经历怎样的课堂小结

6.2.1 课堂小结的核心：知识结构与认知结构

考察"函数奇偶性"的课堂小结教学案例：

案例 4 **"函数奇偶性"的课堂小结**

(1) 函数奇偶性的概念：什么叫奇函数？什么叫偶函数？

(2) 函数奇偶性的判断方法：

Step 1：判断所给函数的定义域是否关于原点对称。若是，执行下一步；若不是，输出"非奇非偶函数"；

Step 2：判断 $f(x)$ 与 $f(-x)$ 的关系。若 $f(x) = f(-x)$，输出"偶函数"；若 $-f(x) = f(-x)$，输出"奇函数"；若上述等量关系均不满足，输出"非奇非偶函数"（一般通过举反例说明）。

由"函数的奇偶性"的案例可以看出，一线数学教师在课堂小结中较为关注本节课的数学知识是什么，只重视本课知识结构的建构，但并不关注本课的数学知识在整个章节、整个模块甚至是整个高中数学知识中的地位和价值。事实上，这种只针对本节数学知识的小结与建构，容易造成学生对数学知识狭隘、片面的认识和理解，不利于学生整体的思考和理解这部分数学知识的地位和价值，不利于学生良好的数学认知结构的构建，不利于学生形成数学知识结构体系的"大观念"（big idea）。由此，也就突出反映当前课堂小结教学中隐含的最根本的问题：只关注知识结构的构建，忽视认知结构的形成。正确认识这种现象是有效实施课堂小结教学的关键。

著名的哲学家、心理学家皮亚杰(Piaget)在研究人类知识发生、发展过程中,深入探究了人的认知建构,并形成了认知主义流派。认知主义认为,认知结构是个人将自己所认识的信息组织起来的心理系统。人类在实践中体会到,认识了的知识需要加以组织整理,存贮在记忆中,这样才能有效地加以利用。认知结构除了有助于信息的存贮、记忆和操作处理外,还有促进理解的功能。总之,认知结构是一种推动人的认知活动的工具。[1]

认知主义强调的结构其实包含了两个:一个是学科知识结构,是数学内容及其组织形态,是在教学活动中易于掌握和呈现的结构体系,是显性结构;一种是学生认知结构,对于学生的认知来说,它是外在之物,学生通过学习将学科知识结构转化为自己掌握的东西后形成的一种结构,这个结构是教学活动中难以把握和控制的,是隐性结构。[2]

认知主义认为,只要选择适当的学科知识结构,并选择适合于学生认知结构的方式,就能促进学生的学习。这意味着,教师应该认识到教学内容与学生已有知识之间的关系,如此知识结构才能与学生的认知结构相匹配。

由上述分析表明,在课堂小结中,我们不仅要回顾本课所学内容的知识结构,更要回顾本课内容在整个章节、整个模块甚至是整个高中数学体系中的地位与研究价值,如此才能帮助学生形成高中数学知识领域的"大观念"(big idea),引导学生像"数学家一样思考",整体地把握高中数学知识体系,进而更深刻地理解本课所学的数学知识。

6.2.2 课堂小结的内容:数学知识、数学思想方法与数学经验

考察"等比数列的概念、通项公式及其基本性质"的课堂小结教学案例:

---

[1] 李士锜,吴颖康主编. 数学教学心理学[M]. 上海:华东师范大学出版社,2011:11.
[2] 何睦. 基于认知取向勾股定理的教学设计[J]. 中学数学教学参考(中旬刊),2011(4).

案例 5　"等比数列的概念、通项公式及其基本性质"的课堂小结

（1）等比数列的概念及其通项公式是什么？

（2）等比数列的基本性质有哪些？

（3）研究问题的基本方法、基本套路：等比数列的概念、通项公式及其基本性质的获得是通过类比等差数列的相关概念、通项公式及其基本性质的研究方法和结论得到的。

从"等比数列的概念、通项公式及其基本性质"的课堂小结教学案例可以看出，大部分一线教师在课堂小结教学中重视本课知识结构的建构，但只有少部分数学教师重视学生在学习过程中获得的数学思想方法和数学学习经验的建构。这反映出当前课堂小结教学所隐含的问题：只有单一的数学知识的简单罗列，缺少方法论的提升和数学经验的梳理和总结。

数学教学过程应当是引导学生积极主动探索数学、形成数学经验的自我建构过程。新课程最重要的变化之一是把过程当成目标。要掌握数学的结果，但是真正能让学生终身受益的是学习数学、探索数学的过程。学习过程可以帮助学生积累一定的数学经验和数学思维方式。高中的新授课包括概念课和公式、定理课，概念课一定要注重概念的形成过程，公式、定理课的教学一定要通过让学生发现、归纳、猜想（归纳猜想是创新思维的基础）、演绎证明等活动方式让学生经历知识的"再创造"过程，努力揭示数学概念、法则、结论的发展过程和本质。荷兰著名的数学教育学家弗赖登塔尔曾指出：数学教育方法的核心是学生的再创造。教师不应该把数学当作一个已经完成了的形式理论来教，不应该将各种定义、规则、算法灌输给学生，而是应该创造合适的条件，让学生在学习数学的过程中，用自己的体验，用自己的思维方式，重新创造有关的数学知识。

数学教学过程是数学科学精神和核心数学思想方法的教学过程。著名数学教育

家克莱茵(M. Klein)在《西方文化中的数学》中指出,数学是一种精神,一种理性精神,正是这种精神,激发、促进、鼓舞并驱使人类的物质、道德和社会生活,试图回答人类自身存在提出的问题,努力去理解和控制自然,尽力去探索和确立已经获得知识的最深刻和最完善的内涵。一门学科成熟的标志是其学科方法论的诞生。华东师范大学张奠宙教授曾指出,形式化不是数学的起源,也不是最终的目标。掌握数学思想方法,认识客观世界的数量变化规律,并用于认识世界和改造世界,才是数学科学的真谛。[①]我们都很清楚,学生们在中学所学到的数学知识,在进入社会后不到一两年就忘掉了,那么作为一名数学教育工作者,我们到底要追寻什么样的数学教学观? 数学作为一门科学,到底要教给学生什么? 作为一名数学教育工作者,我们是否有过"什么是数学教学?"的原点思考。日本著名数学教育家米山国藏先生曾说过:"学生们所学到的数学知识,在进入社会后不到一两年就忘掉了,然而那种铭刻于头脑中的数学精神和数学思想方法却会长期地在他们的生活和工作中发挥着作用。"虽然我们大多数人不会成为一个数学家或者数学工作者,但我们每一个人都可以自觉运用数学科学的精神、方法和思想来指导、帮助、改进我们自身的学习、工作和生活,如果我们能做到这一点,那将是学习数学的最大收获。

由此可见,着眼于培养具有较高数学素养的现代公民的数学教育,应当将数学思想方法的教学、学生在数学学习和研究过程中形成的独特的个体经验的显性化作为主要的教学任务,并通过课堂小结将其呈现出来。

6.2.3 课堂小结的内涵:回顾与反思

从"函数的奇偶性"与"等比数列的概念、通项公式及其基本性质"的课堂小结教学案例可以看出,大部分一线教师在课堂小结教学中只重视知识结构的建构,忽视引导

---

① 张奠宙,王振辉.关于数学的学术形态和教育形态——谈"火热的思考"与"冰冷的美丽"[J].数学教育学报,2002(5):1—4.

学生对本课所学内容进行理性的反思的过程。这反映出当前课堂小结教学所隐含的另一个问题：只重视知识的回顾，缺少必要的反思过程。

从课堂小结的内容结构分析，课堂小结应由回顾和反思两个部分构成。回顾环节，教师应引导学生对本课的基础知识、基本方法进行有效的梳理和总结，除此以外，还应将问题研究过程中形成的基本经验和本课内容在整个章节或体系中的地位和价值纳入回顾环节；反思环节，在反思自己学会了什么和有何收获的同时，也应反思哪些地方没有学会，没有学懂；反思还想进一步继续研究的问题。

由上面的讨论，深入反思和审视当前数学课堂小结教学的现状，不少教师：只关注知识结构的构建，忽视认知结构的形成；只关注数学知识的构建，忽视数学思想方法和学生数学学习经验的梳理和总结；只重视知识的回顾，缺少必要的反思。

为了实施有效的数学课堂小结教学，在反思现状存在的问题的基础上，结合一线数学教师有效实施课堂小结教学的经验和实践，我们对当前数学课堂小结教学进行重构，以期实施更为有效的课堂小结教学。

6.3 重构：实施有效课堂小结教学

6.3.1 正确认识课堂小结

一、什么是课堂小结

从课堂小结的内容看，课堂小结应由回顾和反思两部分构成。回顾部分，学生应在教师引导下对本课的基础知识、基本方法、问题研究过程中形成的基本经验和本课内容在整个章节或体系中的地位和价值进行有效的梳理和建构；反思部分，教师应积极引导学生反思本节课学会了什么以及还有哪些地方没有学会、想要进一步继续研究的数学问题是什么？

二、为什么要进行课堂小结

现代学习理论表明,学习过程是认知结构的形成、变化和完善的过程。在影响学生学习的诸多因素中,认知结构是决定学习的关键和直接因素。奥苏贝尔曾说:"每当我们致力于影响学生的认知结构,以便最大限度提高和保持意义学习时,我们就深入到了教育过程的核心。"

在我国,最早提出数学认知结构的是著名数学教育家曹才翰先生,他指出,所谓数学认知结构,就是学生头脑里的数学知识按照自己的理解深度、广度,结合着自己的感觉、直觉、记忆、思维、联想等认知特点,组合成的一个具有内部规律的整体结构。数学学习的实质是学生在教师的引导下能动地建构数学认知结构,并使自己得到全面发展的过程。数学教学的根本任务之一在于造就学生良好的数学认知结构,以满足后续学习的需要,最终提高学生的问题解决能力。因此,数学认知结构在学生的数学学习过程中发挥着重要的作用。①

而数学认知结构是学生在已有的数学知识结构基础上通过内化得到的一个结构。形成良好的数学认识结构的前提和基础是形成完整、系统的数学知识结构。课堂小结作为数学教学必不可少的一个教学环节,对学生数学知识结构的形成具有重要意义和价值。具体而言,课堂小结在学生数学知识结构的形成中具有承上启下的功能与价值。作为一节课的课堂小结,应是本课学习过程的一个总结和回顾,这是承上;同时也应该为下节课的学习或以后的学习埋下伏笔,做好铺垫,自然地引出以后我们要进一步研究的相关数学问题,这是启下。既有呈上,又有启下,如此才能有效促进学生数学知识结构的形成,最终引发学生数学认知结构的完善。

6.3.2 实施有效的课堂小结教学

理论的研究是为了更好地从事实践,我们以理论为实践的重要依据,在理论的基

---

① 喻平,连四清、武锡环主编.中国数学教育心理研究 30 年[M].北京:科学出版社,2011:201.

础上提出若干实施有效的数学课堂小结的教学策略。

一、课堂小结内容为陈述性知识、程序性知识和经验性知识的融合

安德森在1994年将知识分为陈述性知识和程序性知识两类。其中陈述性知识是关于"是什么"和"怎么样"的知识,是关于数学概念和数学原理的知识;程序性知识是关于"怎么做"的知识,是关于数学方法和数学程序的知识。在课堂小结教学中,陈述性知识、程序性知识的小结是必要的,除此以外,还应将经验性知识的小结纳入课堂小结中。经验性知识,是"怎么想"的知识,是在学习过程中涉及的数学思想方法、研究数学问题的方法、数学学科蕴含的人文精神、数学知识在发展历程中折射出的可贵的科学精神等等学生在学习过程中获得的数学学习经验和体验的知识。日本著名数学教育家米山国藏先生曾指出:"学生们所学到的数学知识,在进入社会后不到一两年就忘掉了,然而那种铭刻于学生头脑中的数学精神和数学思想方法却会长期地在他们的生活和工作中发挥着作用。"

二、数学知识组织形式应呈现显性化、算法化、结构化三化特征

华东师范大学张奠宙教授曾指出:"数学中有大量的约定性知识,数学教学要求学生按照规定操作,一步步地解题,好像遵循一些指令,是一种基本能力。"[①]数学新课程改革时至今日,中学数学教学的重心仍应落实学生数学基本知识和基本思想方法的习得,为此我们在组织课堂小结时,为了有效地帮助学生扎实"双基基桩",数学知识组织形式应呈现显性化的特征。

算法思想是我国数学教育对世界数学教育的一大贡献,凝聚了我国前人在数学教育探索之路上的无限智慧。算法思想最大的作用和价值在于其具有极强的针对性、可操作性和简洁性。将数学知识(尤指程序性知识)算法化,这样的结构比较容易记忆和迁移。事实上,人总是从实践活动中寻找和探索出从事新的实践活动的重要启示。一旦在头脑中形成了一系列算法化的数学知识,在从事新的学习任务或实践任务时,就能唤醒已有的数学知识、数学体验、数学经验,从而解决新的学习任务和实践任务。由

---

① 张奠宙,赵小平.遵守约定和自主创新[J].数学教学,2009(3).

此,数学知识的组织形式应呈现算法化的特征。

最后,中学数学知识是一个充满联系的有机整体,数学是一门结构化的学科。因此,在中学数学教学中,我们不光要给予学生显性化、算法化的数学知识体系,还应以整体观念作为指导,随时将它和其他内容联系起来去分析、理解和掌握,让学生在头脑中形成的不是零碎的数学知识,而是一个知识网络,相互联系和贯通的知识网络,数学知识的组织形式应呈现结构化的特征。

三、课堂小结直接指向学生数学认知结构的建构和完善

课堂小结看似是帮助学生形成学科基本结构,实质上是通过学科知识的建构最终引导学生形成良好的数学认知结构。

第一,从过程的视角看,学生学习数学的过程是一个数学认知的过程,数学教学过程实质就是学生在教师的引导下将数学知识转化为自己的数学认知结构的过程。

第二,从内容的视角看,数学认知结构就是学生已有的数学知识结构与学生心理结构相互作用的产物,其内容包括数学知识,相关的数学活动经验以及这些数学知识、经验在头脑里的组织方式与特征。

由上述讨论,数学认知结构与知识结构有着密不可分的联系。数学认知结构是由数学知识结构转化而来的。如果学生一旦在头脑中形成了便于记忆和迁移的数学知识结构,并若能以网络化、结构化的方式将零碎的知识结构整合起来,在学生头脑中便能形成良好的认识结构。所以,认知结构的完善必须基于良好数学知识的建构,数学课堂小结应通过学生的数学知识结构的建构直接指向认知结构的完善。

6.4 优秀课堂小结教学案例

在理论研究的基础上,我们展开了部分教学设计。以下就数学新授课教学中常见的两种课型:概念课、原理课分别给出相应的教学案例。

案例 6　"函数奇偶性"的课堂小结

$$\text{函数}\begin{cases}\text{函数的基本概念(含映射的概念)}\\\text{函数的基本性质(单调性、}\textbf{奇偶性})\\\text{(认识本课内容在整个章节中的地位和价值)}\\\text{函数的应用(数学内部的应用、现实社会生活中的应用)}\end{cases}$$

（1）函数奇偶性的概念：什么叫奇函数？什么叫偶函数？（基本知识的回顾）

（2）怎样判断给定函数的奇偶性？（基本方法的回顾）

Step 1：判断所给函数的定义域是否关于原点对称。若是，执行下一步；若不是，输出"非奇非偶函数"；

Step 2：判断 $f(x)$ 与 $f(-x)$ 的关系。若 $f(x)=f(-x)$，输出"偶函数"；若 $-f(x)=f(-x)$，输出"奇函数"；若上述等量关系均不满足，输出"非奇非偶函数"（一般通过举反例说明）。

（3）在问题研究过程中，遵循怎样的研究思路和方法？（研究方法和研究经验的回顾）

研究方法：函数奇偶性的研究应从图形和代数两个角度去认识和掌握；

研究思路：对称关系（图形直观）——坐标关系（量化研究）——代数性质（代数刻画）；

研究过程遵循从形到数的研究方法，这也是研究函数性质的一般套路和方法。

（4）反思环节

反思 1：还有哪些知识没有学会？没有学懂？

反思 2：我们还将继续研究什么问题？（教师和学生共同提出需要进一步研究的问题）教师提出有待进一步研究的问题：函数的奇偶性研究

的是函数的对称性质,其研究常与函数的周期性(数学的研究现实世界的一个范例)联系在一起,那么函数的周期性作为函数的基本性质之一,怎么去研究? 研究的结论如何? 周期性与奇偶性有着怎样的密切联系?

案例7　"等比数列的概念、通项公式及其基本性质"的课堂小结

数列 {
数列的基本概念(含数列的研究思路探讨)
等差数列(概念、通项、求和)
等比数列(概念、通项、求和)
(认识本课内容在整个章节中的地位和价值)

(1) 等比数列的概念及通项公式?(基本知识的回顾)

(2) 等比数列的基本性质有哪些?(基本知识的回顾)

(3) 在问题研究过程中,遵循怎样的研究思路和方法?(研究方法和研究经验的回顾)

研究方法:等比数列的概念、通项公式及其基本性质的获得是通过类比我们前面已经研究过的等差数列的概念、通项公式及其基本性质的方法得到的,这也是数学发现的重要途径。

研究经验:在数学的问题解决中,类比是提出新问题和获得新发现的一条重要途径。虽然类比所得到的结果具有或然性,还有待于严格证明,尽管如此,但它仍然不失为一种重要的问题解决策略。著名的哲学家康德说过:"每当理智缺乏可靠论证的思路时,相似思考往往能指引我们前进。"著名数学家、解题专家波利亚曾说:"类比是一个伟大的引路人。"

(4) 反思环节

反思1:还有哪些知识没有学会? 没有学懂?

反思2:我们还将继续研究什么问题?(教师和学生共同提出需要进

一步研究的问题)

问题1: 等差数列遵循"通项公式——性质——前 n 项和"的研究路线,那么等比数列的前 n 项和可否类比等差数列的研究方法进行呢?

问题2: 等差数列和等比数列的通项公式都是以数列方程形式给出的数列的递推关系式,那么数列有哪些常见的递推关系式,又怎么去研究它们的通项公式呢?

案例8 "三角函数的诱导公式"的课堂小结

必修Ⅳ模块章节导言课①

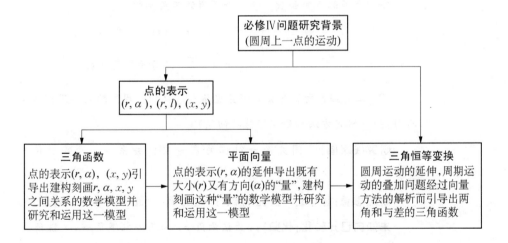

问题的提出: "由三角函数的定义可以知道:终边相同的角的同一三角函数值相等。除此以外还有一些角,它们的终边具有某种特殊关系,如关于坐标轴对称,关于原点对称等,那么它们之间的三角函数值之间具有什么样的关系呢?"

① 李善良,葛军主编.高中新课程问题与对策:数学[M].上海:上海教育出版社,2012:125—127.

导出公式的程序如下：

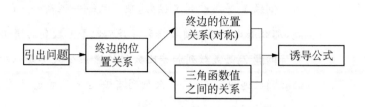

(1) 三角函数的诱导公式符号规律是怎样的？求任意角的三角函数的步骤是怎样的？

（基本知识的回顾）

求三角函数值的步骤：

任意负角的三角函数 ——————→ 正角的三角函数

　　　　　　　　 ——————→ $[0,2\pi]$内角的三角函数

　　　　　　　　 ——————→ $\left[0,\dfrac{\pi}{2}\right]$内角的三角函数

(2) 三角函数的诱导公式研究思路是怎样的？用到的数学思想方法有哪些？（研究方法和研究经验的回顾）

研究线路图：角间关系 → 对称关系 → 坐标关系 → 三角函数值间关系；

研究思想：特殊到一般：α为锐角 → α为第一象限角 → α为任意角

未知向已知转化(化归)：α为任意角 → α为第一象限角 → α为锐角

(3) 反思环节

反思1：诱导公式的本质是什么？

"诱导公式所揭示的是终边有某种对称关系的两个角三角函数之间的关系。换句话说，诱导公式实质是将终边对称的图形关系"翻译"成三角函数之间的代数关系。

反思2：还有哪些知识没有学会？没有学懂？

反思 3：我们还将继续研究什么问题？（教师和学生共同提出需要进一步研究的问题）

问题：本模块的核心问题和背景是研究周期现象，诱导公式的研究与周期性问题有何联系？如何利用诱导公式研究周期现象？结论如何？

第七章

数学章节起始课教学的反思与重构

7.1 现状:章节起始课已成为数学课堂教学的新的课型

考察当前的数学课堂教学行为,数学课堂教学行为已然经历了由"基于数学教材"、"基于数学教师"的课程实施向"基于数学课程标准"的课程实施的范式转换。应该说,越来越多的数学教师开始从事基于课程标准的数学教学,并积极运用课程标准的相关理念从事新一轮的数学新课程改革的尝试与探索。但近年来,对"章节起始课"的研究却相当匮乏。首先,考察当前的数学教学常见课型,大致可分为概念课、原理课、习题课、复习课等等,"章节起始课"并没有作为一种专门的课型受到一线数学教师的关注;其次,笔者翻阅了近年来的《数学通报》、《中学数学教学参考》、《中国数学教育》、《数学通讯》等国内一流的数学教育期刊,从文章的内容上看,关于"章节起始课"的研究论文少之又少。

章节起始课作为章节的开篇,能起到统领全章的作用。那么什么是章节起始课?为什么要开设章节起始课? 如何设计章节起始课? 由此,我们必须对当前的章节起始课教学进行必要的理性反思。

7.2 反思:数学课堂教学正经历怎样的章节起始课教学

7.2.1 什么是章节起始课

如果我们把学习比作一趟旅程,那么教师在其中充当的就是导游的角色。我们都有组团旅游的经历,在旅程之前,导游总是不厌其烦地给旅客介绍本次旅程即将参观的几个景点：景点是什么？为什么我们此行要去参观这个景点（参观这个景点的价值是什么）？要想顺利圆满地结束本次旅程，在旅程过程中需要注意哪些问题？

那么与旅程相对应的"章节起始课"，是指一个章节的起始课。在起始课的教学中，教师应当成为一名导游，带着学生一起经历以下过程：本章开篇我们要建立的相关数学知识是什么？为什么要建立相关数学知识？如何建立相关的数学知识？

7.2.2　为什么要章节起始课

从数学知识角度来说，任何数学知识都有它存在的正面价值，任何数学知识的发现和发展都必须经历一个长期的历史过程。尤其是章节起始课，一个全新的数学概念，必定有着它的故事：或许源于一个灵感；或许是几代人甚至是几个世纪人的共同努力使之完善的过程；更或许是中外数学家的共同思考。任何数学知识一旦被发现或创造出来，而后被写进教材时，数学知识被发现和创造的整个历史过程中体现的数学科学精神和人文思想就被淹没在了形式化的海洋里，体现不出知识产生的价值和意义，凸显不了数学独有的学科精神和人文精神。数学学科与自然科学不同，自然科学的研究对象很多情况下都是具体的物质，而数学的研究对象却是看不见、摸不着的高度抽象化了的思想材料。作为数学教育人，我们常有这样的思考：数学教育追求怎样的本真意义和价值？通过高中三年的学习，关于数学学习，学生还能留下怎样的记忆？头脑中还能形成怎样的积淀？笔者以为，章节起始课的目的就是让学生沿着数学家探索数学概念所走过的路，经历"一次次地提出概念、一次次地推翻概念、一次次地修正概念、一次次地完善概念"的探究过程，让学生对数学概念的发展、内涵与外延的认识更为深刻。

7.2.3　如何进行章节起始课的教学设计

在数学章节起始课教学中，我们拟提出还原数学概念发生、发展过程的历史发生教学法教学。

一、基于历史发生教学法的章节起始课：是何与为何

历史发生教学原理（historical-genetic-principal）是 HPM 视角下数学教学设计的主要理论依据。发生教学法是一种借鉴历史、呈现知识自然发生过程的教学方法。荷兰著名数学教育家弗赖登塔尔认为数学学习主要是进行"再创造"，只有让学生经历了知识的"再创造"过程，才能将知识以它最初被发现时的样子表现出来，才能将数学冰冷的美丽转变成火热的思考。因此，数学教学的任务是要通过发生教学原理的方法、按照知识的创造过程引导和帮助学生进行这种再创造的工作，而不是把现成的知识灌输给学生。

二、基于历史发生教学法的章节起始课：如何与若何

基于"历史发生原理"视角建构章节起始课，可以引导学生经历数学概念的发生、发展和应用的全过程，通过对数学概念的再探究、再发现和再创造，让学生感悟：

（1）为什么要建立相关数学知识

任何事物的出现都有它存在的正面价值，数学概念的出现亦是如此。为什么要建立相关数学知识？通过这个环节，让学生感知数学知识建立的必要性和合理性，感悟数学发展的三条主线：源于现实社会生活的需要、其他学科发展的需要或数学内部发展的需要。

（2）数学知识是怎样建立的？数学知识是什么

通过"历史发生原理"，引导学生"像数学家一样思考"，沿着数学家的步伐和足迹去探寻数学概念的产生、发展的全过程，阅读数学概念的发展材料，提取信息、概括信息的能力，梳理数学概念发展的主线。这样设计数学概念的教学，目的是让学生沿着数学家探索数学概念所走过的路，经历"一次次地提出概念、一次次地推翻概念、一次次地修正概念、一次次地完善概念"的探究过程，让学生对数学概念的发展、内涵与外延的认识更为深刻。让学生自主勾织数学概念发生的线路图，帮助学生了解概念的来龙去脉，经历知识发生发展的过程，完善学生的数学认知结构，促进对核心概念的整体理解。这部分应当是章节起始课的核心。

基于"历史发生原理"进行章节起始课遵循"数学概念是如何建立的——数学概念

是什么——为什么要建立相关数学概念"的逻辑教学主线。

7.3 重构：实施有效的章节起始课教学

7.3.1 正确认识章节起始课

一、数学教学应重视"章节起始课"的教学，促进学生认知结构的良好构建

如何在数学教学中利用显性的学科知识结构来促进学生隐性认知结构的完善呢？笔者认为，章节起始课是一个很好的实践。章节起始课依据"数学概念是如何建立的——数学概念是什么——为什么要建立相关数学概念"的逻辑主线组织教学，借助历史相似性原理将数学概念的历史发展过程浓缩到数学课堂之中，还原数学概念发生的全过程。这无疑会改善我们的教学，帮助学生更好地理解该概念，利于学生良好学科基本结构的建立，学生通过后续课程的学习不断地对该结构进行扩展、修正、完善，最终形成较为完整的知识体系和认知系统。

利用章节起始课搭建的学科基本结构的线路图(线1)和当前数学教学中搭建的学科基本结构的线路图(线2)的比较如下：

线1：数学概念是如何建立的——数学概念是什么——为什么要建立数学概念—数学概念的应用。

线2：数学概念是什么——数学概念的应用。

可见利用章节起始课搭建的学科基本结构更为完整，更利于学生深刻地理解概念及其相关的数学知识，如此才能帮助学生形成数学概念的"大观念"，引导学生像"数学家一样思考"，利于学生数学认知结构的良好构建。

二、数学教学应加强数学文化的渗透与融入,有效提升学生的数学素养

数学是客观真理,但又是人类思维的产物。任何一种意识形态,包括数学在内,必然会打上时代的烙印,受到文化的制约。要了解数学,必须把数学和社会联系在一起。而今的数学教学,只有"试题味",少了数学的那份"文化味",直接导致数学对于许多学生来说,从公式到公式、从定理到定理,似乎是数学家们玩的智力游戏,离他们是很遥远的。其实每个数学概念和公式的背后都有着它的故事:或许源于一个灵感;或许是几代人甚至是几个世纪人的共同努力使之完善的过程;更或许是中外数学家的共同思考。

当前的数学教学呈现给学生的只是"冰冷的美丽",数学的文化层面,也往往淹没在一大堆抽象符号、复杂的公式演算和逻辑推理的海洋里。[①] 而只有通过数学文化的渗透与融入,数学才能最终转化为"火热的思考"。学生才能初步了解数学与人类社会发展的关系,明晰数学的发生、发展及其应用的全过程;体会数学的人文价值、应用价值和科学价值;开阔视野,加强对数学的宏观认识和整体把握,领会数学学科独有的理性精神。在数学教学中,我们不但要向学生传授知识,更要让学生体会数学知识中蕴含的数学文化,了解"数学方式的理性思维",有效地提升学生的数学素养。

三、数学教学应回归数学教育的本真意义,厘清数学教育的本真价值

当前数学教育极大的功利性直接导致了学生对数学知识的认识和理解停留在"数学知识是什么"的层面上,而对于"为什么要建立相关数学知识?"和"如何建立相关数学知识?"的相关认识却一无所知。这不得不让我们再次深思:数学教育的本真意义何在? 数学教育的本真价值是什么?

尽管我们进入了以知识经济为特征的时代,但数学教育却不应以获取知识为终极的价值追求。我们的社会变得越来越以知识为基础,但教育不仅仅是为了获得知识,更是为了获得知识的运用。[②] 由此可见,数学教育的本真意义是培养学生的数学思维和数学知识的应用能力。不要让课程承担过多的知识内容,而是要教给学生怎样获取

---

① 张奠宙,王善平. 数学文化教程[M]. 北京:高等教育出版社,2013:1.
② 黄翔. 数学教育的价值[M]. 北京:高等教育出版社,2004:15.

知识、怎样批判性和创造性地思考。① 日本著名数学教育家米山国藏先生指出："学生们所学到的数学知识，在进入社会后不到一两年就忘掉了，然而那种铭刻于学生头脑中的数学精神和数学思想方法却会长期地在他们的生活和工作中发挥着作用。"

虽然我们大多数人不会成为一个数学家或者数学工作者，但我们每一个人都可以自觉运用数学科学的精神、方法和思想来指导、帮助、改进我们自身的学习、工作和生活，如果我们能做到这一点，那将是学习数学的最大收获，同时这也是数学教育的本真价值所在。

7.3.2 实施有效的章节起始课教学

一、引导学生经历数学概念的发生、发展的全过程是章节起始课教学的内核

任何一个数学知识都有它存在的正面价值。在教学设计时，应始终围绕"相关数学知识是什么？为什么要建立相关数学知识？怎样建立相关数学知识"作为教学设计的主要线路。

通过章节起始课的教学，首先可以引导学生感悟任何数学概念的建立都是一个历史过程，都必须经历"一次次建立概念、一次次推翻概念、一次次修正概念、一次次完善概念"的过程，其次从"情感、态度、价观"的角度引导学生感悟数学概念形成过程中蕴含的人文精神和科学精神。

二、提升学生的数学素养是章节起始课的内在价值和本真追求

由于数学在社会生活和科技高速发展中的作用，数学素养成为公民进行社会生活或者从事社会工作必备的素养之一。所以培养有数学素养的社会成员是数学教育的一项根本任务，提高学生的数学素养一直是国际数学教育的共同目标，是当前数学教育研究的热点之一。无论是素质教育的实施，还是国际教育评价的关注，数学素养都是一个十分重要的指标。全美数学教师理事会(NCTM)出版的《学校数学课程与评价标准(1989)》中指出，数学教育的目标应当是培养有数学素养的社会成员。美国数学督导

---

① 黄翔. 数学教育的价值[M]. 北京:高等教育出版社,2004:15.

委员会(NCSM)在《面向 21 世纪的基础数学》报告中指出:数学素养是除性别、种族以外影响公民就业和收入的又一重要因素。美国国家研究委员会(NRC)在 2001 年报告《加人进来,帮助儿童学习数学》中把数学素养作为描述成功数学学习的关键用词。

　　基于以上认识,开设章节起始课,在让学生了解数学知识是什么的同时,还能对数学知识的来源、发生、发展和应用的全过程有更为深刻的认识,这必然能有效提升学生的数学素养,由此提升学生的数学素养是章节起始课的内在价值和本真追求。

7.4　优秀教学案例

《函数概念的发展及其历史演变》

执教教师:江苏省张家港市常青藤实验中学　何　睦

教学过程Ⅰ:展示本节课要参观的景点

　　景点1:函数的概念是什么? 景点2:为什么要建立函数的概念? 景点3:函数的概念是如何建立的? 函数概念的建立经历了怎样的历史演变过程?

　　教学逻辑主线:函数的概念是如何建立的?　——函数的概念是什么?　——为什么要建立函数的概念?

　　【设计意图】学习是一次旅程,在学习新知之前,教师应当将本次学习旅程将要学习的知识以景点的形式和学生做简要介绍,利于学生形成完整的学科基本结构,利于学生良好认知结构的构建。

　　教学过程Ⅱ:函数的概念是如何建立的? 函数的概念是什么?

　　函数概念是全部数学概念中最重要的概念之一,纵观 300 年来函数概念的发展,众多数学家从集合、代数、对应、集合的角度不断赋予函数概念以新的思想,从而推动了整个数学的发展。函数概念的一次次的提出、一次次的推翻、一次次的修正、一次次的完善,是后人对前人思维的一次次的突破。请同学们阅读工作单1—工作单4(分别对应历史上函数概念的四次抽象认识),思考并完成每个工作单的学习任务,而后阅读相关文字材料,沿着数学家探索数学概念所走过的路,自主勾织函数概念发生的线路图,并完成下表:

表1　函数概念发生线路图

	第一次认识	第二次认识	第三次认识	第四次认识
代表人物				
主要观点				
局限性				

【工作单1】函数概念的第一次抽象认识

案例1:圆的面积 S 与圆半径 r 的关系;

案例2:锐角 α 与锐角 β 互余,α 与 β 的关系;

案例3:气体的质量一定时,它的体积 V 与它的密度 ρ 之间的关系;

思考1:上述的每一个问题在变化过程中,谁是常量,谁是变量? 都涉及几个变量?

思考2:两个变量之间的关系是通过什么来刻画的?

思考3:综合思考1和思考2的解答,总结上述例子变量间关系的共同特点?

阅读材料:十七世纪伽利略在《两门新科学》一书中,几乎从头到尾包含着函数或称为变量的关系这一概念,用文字和比例的语言表达函数的关系。1673年前后笛卡尔在他的解析几何中,已经注意到了一个变量对于另一个变量的依赖关系,但由于当时尚未意识到需要提炼一般的函数概念。1718年约翰·贝努利对函数概念进行了明确定义:由任一变量和常数的任一形式所构成的量(是历史上第一个正式发表的明确的函数定义),贝努利把变量 x 和常量按任何方式构成的量叫"x 的函数"。欧拉在《无穷分析引论》(1748)中给出的函数定义是:"一个变量的函数是由该变量和一些数或常量以任何方式组成的解析式。"

【设计说明】这个时期是人们对于函数概念的第一次抽象认识。主要代表人物为欧拉、伽利略、笛卡尔、贝努利,主要观点是:函数就是解析式。但新的问题出现了:并不是所有的函数关系都能用解析式表示,比如温度和时刻之间的关系、年份与人口数的关系不能用解析式表示。从而引发了人们对函数概念的第二次抽象认识。

【工作单2】函数概念的第二次抽象认识

案例1:估计人口数量变化趋势是我们制定一系列相关政策的依据。从人口统计年鉴中可以查得我国从1949年至1999年人口数据资料如下表所示,根据表格回答下列问题:

表2　1949—1999年我国人口数据表

年份	1949	1954	1959	1964	1969	1974	1979	1984	1989	1994	1999
人口数/百万	542	603	672	705	807	909	975	1035	107	1177	1246

思考1:表格中有变量吗? 有几个变量? 是什么?

思考2:当年份确定时,相应年份的人口数是否确定? 那么你能根据表格写出1949—1999年年份与我国人口数的关系式吗?

案例2:下图为某市一天24小时内的气温变化图。

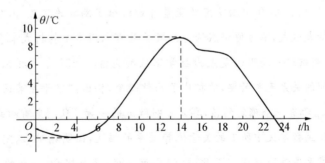

思考1:统计图中有变量吗? 有几个变量? 是什么?

思考2:当时间确定时,相应的温度是否确定? 你能写出温度随时间变化的关系式吗？

思考3：综合上述思考题的解答，总结上述例子变量间关系的共同特点？

阅读材料：欧拉在《微分学原理》(1755)序言中给出的定义是："如果某个量依赖于另一个量，当后面这个量变化时，前面这个量也随之变化，则前面这个量称为后面这个量的函数。

【设计说明】这个时期是人们对于函数概念的第二次抽象认识。主要代表人物为欧拉，主要观点是：函数是指两个变量之间具有依赖关系。但新的问题出现了：并不是所有的函数关系中的变量间都具有依赖关系，比如计程车路程与费用关系，当路程在起步价范围内收取费用完全相同，即此段中两个变量之间不具有依赖关系。从而引发了人们对函数概念的第三次抽象认识。

【工作单3】函数概念的第三次抽象认识

案例：某市出租汽车的收费标准如下：在 3 km(含 3 km)路程按起步价 11 元收费，超过 3 km 的路程按 2.4 元/km 收费，试问：某次乘坐出租汽车路程为1.8 km和2.7 km时，收费分别是多少？如果是 4 km 呢？

思考1：上述问题有变量吗？有几个变量？分别是什么？

思考2：上述两个变量是否一定具有依赖关系？

思考3：综合上述思考题的解答，总结上述例子变量间关系的特点？

阅读材料：1823 年柯西从定义变量开始给出了函数的定义，同时指出，函数不一定要有解析表达式，不过他仍然认为函数关系可以用多个解析式来表示，这是一个很大的局限，突破这一局限的是杰出数学家狄利克雷。1837 年狄利克雷认为怎样去建立与 y 之间的关系无关紧要，他拓广了函数概念，指出："对于在某区间上的每一个确定的 x 值，y 都有一个确定的值，那么 y 叫做 x 的函数。"狄利克雷的函数定义，出色地避免了以往函数定义中所有的关于依赖关系的描述，简明精确，以完全清晰的方式为所有数学家无条件地接受。至此，我们已可以说，函数概念、函数的本质定义已经形成，这就是人们常说的经典函数定义。

【设计说明】这个时期是人们对于函数概念的第三次抽象认识。主要代表人物为狄利克雷,主要观点是:函数就是两个变量之间的对应关系。20 世纪,随着集合语言的出现,越来越多的分支学科都建立在集合论的基础上,函数概念也不例外,从而引发了人们对函数概念的第四次抽象认识。

【工作单 4】函数概念的第四次抽象认识

等到 20 世纪康托尔创立的集合论在数学中占有重要地位之后,集合语言作为近现代数学的"基本语言"广泛地在数学各个分支学科中占据着重要地位。如何利用集合语言包装函数的变量对应说的相关观点,给出基于集合语言的定义呢?

思考 1:变量对应说中的两个变量如何用集合语言包装?

思考 2:变量对应说中的变量对应关系如何用集合语言包装?

思考 3:集合对应的本质仍是两非空数集中元素的对应,那么这种对应遵循什么规律?

思考 4:结合上述几个思考题,概括函数的本质属性,并给出函数的概念?

阅读材料:1930 年新的现代函数定义为:若对集合 M 的任意元素 x,总有集合 N 确定的元素 y 与之对应,则称在集合 M 上定义一个函数,记为 $y = f(x)$。元素 x 称为自变元,元素 y 称为因变元。

【设计说明】这个时期是人们对于函数概念的第四次抽象认识。至此完成了现代函数概念建构的全过程。

教学过程Ⅲ:为什么要建立函数的概念?

活动 1:请同学们阅读工作单 5 的相关内容,了解建立函数概念的必要性。

【工作单 5】为什么要引入函数概念?

世界上的一切,都在不停地变化。

古希腊哲学家赫拉克里特说:人不能两次踏入同一条河流。因为河水在流动,第二次踏入的已经不是上次的河流了。

赫拉克利特用生动的比喻说明一切都在不断地变化。但他没有把概念说清楚。什么叫同一条河流?昨天的黄河和今天的黄河是一条河还是两条河? 早上的你和晚上的你是一个人还是两个人?

当时有的哲学家走向另一个极端,认为事物实际上是静止不变的,变化和运动只是人的幻觉。其中有个叫芝诺的诡辩家,为了论证运动是幻觉,还提出了飞矢不动的著名怪论。

飞快的箭怎么可能不动呢?芝诺的说法是:箭在每一瞬间都要占据确定的位置,所以每一瞬间都是静止的。既然每一瞬间都是静止的,又怎么能够动呢?

数学讲究严谨,概念要清楚。要探讨动还是不动,就要先讲好什么叫动,什么叫不动。

什么叫动?一个物体,时刻 t_1 在甲处,另一个时刻 t_2 在与甲不同的乙处,我们就说它在时刻 t_1 到 t_2 之间动了。如果对于两个时刻之间的任意时刻 t 它都在甲处,就说它在这段时间内没有动。这样把时间和物体的位置对应起来,问题就清楚了。原来,动和不动是涉及两个或更多时刻的位置的概念,只看一瞬间,动和不动都没有意义。怪论的漏洞,源于对运动没有严谨的表述。

从上面两个例子可见,古人已经感觉到了事物的运动变化和保持相对稳定性质之间的矛盾,但由于尚未找到合理地刻画运动和变化的方法,就不能实事求是地认识运动和变化,或者否定运动的可能性,或者否认变化中的事物是同一事物。

直到 17 世纪,数学中出现了变量与函数的概念,人们才掌握了精确地描述和刻画运动与变化的工具。

一部电影由许多画面组成。这些画面按一定顺序排列在长长的胶片上。对画面进行编号,就得到了从一部分自然数到画面的对应。

电影是由一串离散的画面组成的。实在的事物却是由连续改变着的状态组成的。这时,时刻代替了编号,状态代替了画面。号码是自然数,而时刻是实数。运动变化的事物,就可以用时刻到状态的对应来刻画。时刻可以用实数表示,事物在一个时刻的状态也可以用一组或一个实数来表示,于是,时刻到状态的对应就成了实数到实数的对应,也就是函数。

活动 2:齐声朗读工作单 6 的文字材料,并谈谈学完本课你的体会和感悟。

【工作单 6】数学学科蕴含着丰富的人文和科学精神

　　每个数学概念和公式的背后都有着它的故事：或许源于一个灵感；或许是几代人甚至是几个世纪人的共同努力使之完善的过程；更或许是中外数学家的一些共同思考。

　　应该指出的是，函数概念的整个历史进程中，经历了无数数学家"一次次的提出概念、一次次的推翻概念"的探究过程，不断地引发更多的数学家对于函数概念和函数本质问题进行更深层次的思考。这是必然现象，因为人类在探索自然规律的过程中必然有各种假设，虽然后来发现某些假设是错误的，但正是前人的失败才使后人的思考走上了正确的道路。

　　函数概念的定义经过三百多年的锤炼、变革，形成了函数的现代定义形式，但这并不意味着函数概念发展的历史终结。因此，随着以数学为基础的其他学科的发展，函数的概念还会继续扩展。

　　【设计说明】这段材料的设计，首先是对本课内容的一个小结，通过对函数概念的四次抽象认识，引导学生感悟任何数学概念的建立都是一个历史过程，都必须经历"一次次建立概念、一次次推翻概念、一次次修正概念、一次次完善概念"的过程，其次从"情感、态度、价观"的角度引导学生感悟数学概念形成过程中蕴含的人文精神和科学精神。

第八章

数学实验课教学的反思与重构

8.1 数学实验课已成为一种重要课型

欧拉(Euler)认为:"数学这门科学,需要观察,也需要实验。"在一些教育领先的国家中,在高中开设数学实验课已经成为常见的数学教学形式。美国的中学里有专门的数学实验室,在英国的中学数学教材中有许多数学实验材料,在我国台湾地区也有一些同行在这方面积累了很多值得借鉴的经验。近年来,在我国一些高校中陆续开设了数学实验课,只是刚刚起步不久,正在探索完善。

在中学阶段开展数学实验课(或类似的说法)的理论研究和实践探索也遍地开花。在张奠宙、何文忠编写的《交流与合作——数学教育高级研讨班 15 年》[①]一书中,在历年研讨的脉络上和大师发言里,中学数学实验相关内容不时被提及,并且年份越靠后,相关内容越多。说明中学阶段的数学实验也受到当代中国数学教育改革高层的越来越多的关注。另外,随着手持图形计算器的发展和壮大,手持图形技术在数学实验方面所作出的研究和影响也越来越大。

新课程呼唤新的教学理念和新的教学形式,新教材中也随处可见数学实验的身影。以苏教版的高中数学课本必修一为例,数一数就有 9 处之多。具体有"Excel 工作表中绘制函数 $f(x)=(x-1)^2+1$ 图像的方法"(课本第 27 页);"利用计算器,计算 2^x 的值"(课本第 47 页);"指数函数的图像引例"(课本第 49 页);引出对数运算性质的数据表(课本第 59 页);"对数函数的图像引例"(课本第 65 页);"幂函数的单调性"(课本第 73 页);"利用计算器,求方程 $\lg x=3-x$ 的近似解"(课本第 76 页);"数据拟合"(课本第 85 页);"图形计算器使用范例 1、2"(课本第 97 页)。[②] 在其他几册数学课本中也

① 张奠宙,何文忠.交流与合作——数学教育高级研讨班 15 年[M].南宁:广西教育出版社,2009:1.
② 单墫主编.普通高中课程标准实验教科书数学必修1(第 3 版)[M].江苏:江苏教育出版社,2007.

随处可见类似内容。这些都在提示我们:教学中应该重视和利用数学实验。

案例1　教师甲、教师乙"圆锥曲线概念"实验课片段

1. 教师甲"圆锥曲线概念"实验课片段

在普通教室内,教师准备若干实验教具。

执教教师:同学们,我这儿有几根火腿肠,请大家来切切看,观察你切开后切面的图形,下面请某某同学上来试试……

执教教师:同学们观察一下某某同学切的火腿肠切面形状是什么样子的?

学生:椭圆。

执教教师:很好,这就是我们今天要研究的主要内容:椭圆。

……

执教教师:下面有请三位同学上黑板来合作画一个图形。

三位同学上黑板,在执教教师的指导下进行分工合作。其中两个人分别固定一段绳子的两头,另一个同学拿粉笔在教师指引下画出椭圆图形。

2. 教师乙"圆锥曲线概念"实验课片段

数学实验室内,学生分成若干小组围坐电脑前。

电脑播放执教教师事先拍好的锥形瓶内装高锰酸钾溶液进行各种切面的演示。学生在各自桌子上用准备好的装有高锰酸钾溶液的锥形瓶进行反复操作并观察。

执教教师:请大家认真观察锥形瓶内液面的情况,会得到哪些图像?

学生:分别得到:圆,椭圆,抛物线,还有……

执教教师:还有一种是双曲线,这三种曲线都是由平面截同一个锥

体得到,说明他们之间可能会存在某种联系哦,聪明的你,要接着往下研究哦。

……

执教教师:下面我们用几何画板软件来画椭圆图像的实验……

案例 2　"随机事件实验教学"实验课片段

执教教师:下面请每位同学们拿出一枚一元硬币,每人抛掷 10 次,做完后我们来统计正面向上和反面向上的次数……

案例 3　"均匀随机数的产生与应用"

问题 1:什么是均匀型随机数? 你能用计算器(TI-nspire CX-C CAS)产生 (a, b) 内的均匀随机数吗?

意图:使学生获得均匀随机数的概念,并学会用计算器产生 (a, b) 内的均匀随机数。

师生活动:教师提出问题后让学生阅读教材并思考,启发学生认识在 (a, b) 内产生均匀随机数必须满足条件: (a, b) 内的每一个数都能等可能地被取到。让学生在给定 a, b 的具体值的情况下用计算器进行操作并体会。

……

问题 3:在正方形中随机撒一把豆子,计算落在正方形内切圆中的豆子数与正方形内的豆子数之比,并以此估计圆周率的值。

意图:使学生体会均匀型随机数应用的广泛性,并在模型建立后,会用算法解决问题。

师生活动：

（1）让学生用几何概型得出撒一粒豆子落在圆内的概率。

（2）师生一起用随机模拟方法得出概率的估计值。

（3）由估计值与所得概率近似相等，得出圆周率的估计值。

上面的案例不难看出：其一，数学实验课是有别于传统数学课堂教学的一种教学模式。改变了以往数学课堂沉闷枯燥的气息，让学生从学数学转变到做数学中来。从视觉、听觉、触觉上刺激学生，从被动到主动，大大提高了学生学习数学的积极性，提升了探索数学的欲望。其二，由于执教教师的主客观条件不同，数学实验课教学的形式，内容和效果也会有很大的差异。大多数教师是在摸索中前进，对数学实验课的定位还不够准确。其三，另外，听课评课的老师对数学实验课这个课型评价不一。有老师认为：一些实验课看似学生参与度很高，气氛很热烈，"成果"很显著，但是总感觉"演戏"的成分太多；还有老师认为：实验课就是花架子，对解题和考试帮助不大，投入大，收效少。甚至有老师质疑：实验课有多大效果？对数学学习到底有多大帮助？

这样看来，如何正确认识数学实验课？如何上一节有效的数学实验课？是我们要反思和研究的问题。

8.2 数学课堂正经历怎样的实验课教学

8.2.1 数学实验的内涵：观察与体验；感性与理性

数学实验可以使我们换个角度看数学，欣赏数学之美，体验数学之无穷奇妙。同时，通过数学实验，也让我们在做（建构）数学中，产生一些想法——无论正确与否——

得以验证(理解)。用崭新的办法激发学生对问题的思考,引导学生探索数学问题,达到用(解释)数学之目的。

我们来考察前面案例中教师甲"圆锥曲线概念"实验课片段:

在普通教室内,教师准备若干实验教具。

执教教师: 同学们,我这儿有几根火腿肠,请大家来切切看,观察你切开后切面的图形,下面请某某同学上来试试……

执教教师: 同学们观察一下某某同学切的火腿肠切面形状是什么样子的?

学生: 椭圆。

执教教师: 很好,这就是我们今天要研究的主要内容:椭圆。

本设计来源生活,让学生观察身边的数学现象和问题,出发点很好。但是,火腿肠切出来的效果并不理想,且只是从形上观察椭圆,并不能从质上进行解释。教师没有及时引导学生探索这样的剖面形成的数学本质,错过了实验的核心内容。这样的实验是低层次的,起到的效果很少。学生看看热闹而已,这个环节跳过去,直接说我们这节课讲椭圆也是完全一样的效果。直观的感性认知是为了更好地促进学生对数学理性的理解,实现对数学对象理性的认识才是引导学生进行数学实验,进行直观认识的目标。

8.2.2　数学实验课的主体:教师与学生

曹一鸣教授认为:数学实验教学模式,通常由教师(也可以由学生自己)提出明确的问题情境,让学生在计算机提供的数学技术的支持下做教学实验,利用小组合作学习或者组织全班讨论,开展研究性学习活动;实验过程中,依靠实验工具,让学生主动参与发现、探究、解决问题,从中获得数学研究、解决实际问题的过程体验、情感体验,产生成就感,进而开发学生的创新潜能。[1]

所以我们认为数学实验课主体应该是由老师和学生共同构成。学生是知识的探索者,学习的主导者,团队的合作者;教师是实验的指导者,课堂的指挥者,实验结果的评判者。师生从问题情境(实际问题或数学问题)出发,学生在教师的指导下,设计研究步骤,在计算机(器)上进行探索性实验,发现规律、提出猜想、进行证明或验证。

我们来分析"圆锥曲线概念"案例:

> **执教教师:**下面有请三位同学上黑板来合作画一个图形。
>
> 三位同学上黑板,在执教教师的指导下进行分工合作。其中两个人分别固定一段绳子的两头,另一个同学拿粉笔在教师指引下画出椭圆图形。

本实验设计确实是由教师和学生共同完成的,但是学生在这个过程中只是扮演着教师的若干只手而已,是被动参与。要做什么,怎么去做,会有什么结果,学生一直是被牵着走。作为实验的指导者,课堂的指挥者,教师的实验设计没有达到让学生自己主动设计研究方案,自主进行探索的目的。

8.2.3　数学实验的内容:猜想与验证;实验与数学

数学实验的内容可以与当前所学知识紧密结合,验证已有结论、探究易于归纳结论的问题、已有结论的变式,等等。利用计算机或计算器,由易到难、由简单到复杂、由猜想到验证的方式进行。需要教师依靠数学对象的本质,依据学生的已有知识水平,确定内容,方式,掌握课堂方向。

下面是几位教师在上圆锥曲线概念时的不同的实验场景片段:

---

① 曹一鸣.数学实验教学模式探究[J].课程·教材·教法,2003(1).

　　教师甲:通过让学生切火腿肠,观察并感受椭圆图形,进而讲授椭圆相关概念;

　　教师乙:通过让学生到讲台前切事先准备好的若干个圆锥状萝卜,观察切面,从而得到圆,椭圆,抛物线等曲线,进而给出椭圆相关概念;

　　教师丙:借助计算机软件,做出 3D 动画,演示平面切圆锥体所得四种曲线的完整过程;

　　教师丁:借助锥形瓶内装高锰酸钾溶液,让学生反复变化锥形瓶的位置,观察所得液面形状,得到:圆,椭圆,抛物线等曲线。

　　上面四位教师都通过数学实验教学,用不同的方式揭示了圆锥曲线的形成和联系。教师甲的实验内容过于简单,只能看到圆面,椭圆面,尚不能完全体现三个圆锥曲线的联系;教师乙能够完整地体现三个曲线。但是由于圆锥状萝卜做工问题,三个曲线的形状有缺陷;教师丙能够完美的展现圆,椭圆,抛物线,双曲线的产生和联系。但可能会出现:用二维图像展示三维问题,就像在立体几何学习中,很多同学看不出立体图形的立体感一样,让学生对数学的神秘与不解又增添了几分。教师丁借助简单易行的道具和方法,让学生从视觉到触觉,从二维到三维空间对圆锥曲线联系有了深刻的认识。

　　当然,也有做得较好的案例。

　　我们来分析"函数 $f(x) = x + \dfrac{k}{x}$ 的图像和性质探究实验课"案例:

　　执教教师:高中课本在多个地方提到关于函数" $f(x) = x + \dfrac{k}{x}$ "的问题。即该函数的图像表示法,函数的单调性及其极值与最值,也就是说,该函数蕴涵极大的教学价值和研究价值:(1)它是一个正比例函数与一个反比例函数之和通过变量替换而得到的函数;(2)它是一个奇函数;(3)用其在 $(0, +\infty)$ 上的单调性可解决函数的一类最值问题,特别是"均值不等式"中等号不能取得时的最值问题;(4)当 $k > 0$ 时其图像为双曲线。在第一象限形状像一个"对号",又像耐克的商标,所以有些老师称之为"对号函数"或"耐克函数"。今天我们就来研究这个函数。

学生活动：打开各自电脑中的几何画板软件，在教师和事先发下的实验报告的引导下，在计算机上利用几何画板软件进行函数 $f(x) = x + \dfrac{k}{x}$ 图像的建构，感性认识函数 $f(x) = x + \dfrac{k}{x}$ 的形成。观察和体验函数 $f(x) = x + \dfrac{k}{x}$ 图像随着常量 k 的变化而引起自身的变化过程。通过反复操作，观察，验证，提炼归纳出函数 $f(x) = x + \dfrac{k}{x}$ 的图像特征。完成相应实验报告。（在这个过程中教师进行巡视，指导操作有困难的学生，允许和鼓励学生进行讨论和交流实验内容和进展。）

执教教师：(1) 分别画出下列函数的大致图像并利用计算机作图验证

① $f(x) = x + \dfrac{1}{x}$ ② $f(x) = x + \dfrac{4}{x}$

③ $f(x) = x + \dfrac{9}{x}$ ④ $f(x) = x + \dfrac{2}{x}$

⑤ $f(x) = x - \dfrac{1}{x}$

学生活动：在实验结束后，引导学生完成实验报告中的实验总结。提升实验结果，巩固实验成果。让感性体验升华为理性认识。

学生小组实验活动：自己设计实验研究函数 $f(x) = ax + \dfrac{b}{x}$ 的图像和性质。归纳出此类问题的一般解决法。

有过新课程高中数学教学经验的老师都知道函数 $f(x) = x + \dfrac{k}{x}$ 在高中课本中多次出现，是一个很重要的函数模型。很多问题通过转化，化归到此类函数类型。然而，在长期的教学实践中发现：相当一部分学生在解决这类问题时，往往在选择不等式方法还是函数方法上迟疑不定。特别是在最值问题中，当自变量 x 的范围不能满足 $x = \sqrt{k}(k > 0)$ 时，求错最值。究其原因是教师没有把函数 $f(x) = x + \dfrac{k}{x}$ 给学生讲透，学生对这个函数理解不深刻,生搬硬套均值不等式公式。所以,有必要深入研究这个函数。但是,单靠教师的讲授和用传统方法在黑板上画画草图是很难彻底解决问题的。几何画板的强大绘图和可拖动的特性可以方便地设置变化的参数 k 值,在运动变化中研究该函数的特性和一般规律。在实验成果上,进一步进行研究,得到若干副产品。使得学生从被动学数学解题转变到主动做数学问题,用数学解决问题;在猜想中激发探索的欲望,在实验中验证猜想,在实验中提高数学应用能力;在变化中,产生新的问题,新的猜想,再次进行验证。这些正是数学实验课的真正魅力之处。这个过程中,教师的经验影响着学生的实验结果和方向。所以说,学生的实验,也是教师经验的体现。

8.3　实施有效数学实验课教学

8.3.1　正确认识数学实验课教学

对数学实验的理解和阐释,目前还没有统一的界定。比如教育硕士葛凤清在其硕士学位论文中将其界定为:"数学实验是指学生通过操作、实践、试验来进行探索学习的数学学习形式。"[①]另一位教育硕士谌述涛在其硕士学位论文中对数学实验是这样描述的:"为获得某种数学理论,检验某个数学猜想,解决某类问题,实验者运用一定的物质手段,在数学思维活动的参与下,在特定的实验环境下进行的探索、研究活动。"[②]曹一鸣教授在其《数学实验教学模式探究》一文中这样界定数学实验:"为获得某种数学理论,检验某种数学思想,解决某类数学问题,实验者运用一定的物质手段,在数学思维活动的积极参与下,在特定的实验环境中所进行的探索、研究活动。"[③]张晗方教

① 葛凤清. 在高中开设数学实验课的研究与实践[D]. 福建师范大学,2003.
② 谌述涛. 高中数学实验教学模式的探索和实践[D]. 华中师范大学,2007.
③ 曹一鸣. 数学实验教学模式探究[J]. 课程·教材·教法,2003(1).

授在《Maple 与数学实验》一书中认为：数学实验是利用数学软件借助于计算机来处理数学问题的一门学科。[①]

根据科学实验的定义以及数学学科的特点，在总结前面几位研究者给出的界定基础上，我们认为高中数学实验的概念可以界定为：为获得某种数学理论，检验某个数学猜想，解决某类问题，实验者在数学思维活动参与下，经过某种预先的组织、设计，利用相关计算机软件为平台模拟地创设一些利于观察的数学对象和问题情境，促使学生在对实验素材进行数学化操作中产生归纳假设，在分析、修改、验证猜想中形成认知体验，从而实现在做（建构）数学中学（理解）数学、用（解释）数学的一种教学活动。其最终目的在于让学生获取数学知识的同时，逐步学会数学思维的实践方法，掌握一定数学研究的方法规律，学会理性地思考数学问题。

对于实验课教学的说法也存在着不同的说法。如陈荷盈在其硕士学位论文中这样写：在周南照和张学忠主编的《英汉教育词典》中，"实验教学"的英文表达为"laboratory teaching"。但是，"teaching and learning"即"教与学"是同源派生出来的两个词，其二者不是简单地相加，而是有机地结合或辩证地统一。正是基于此，美国科学院便将"实验教学"定名为 laboratory experiences。[②] 所以，数学实验课教学是让学生通过自己动手操作，进行探究、发现、思考、分析、归纳等思维活动，最后获得概念、理解或解决问题的一种教学过程。在这个过程中，教师通过提问引导，设计实验报告等形式启发和引导学生进行数学实验。在数学实验教学中教师仍然处于主（要引）导的地位，而学生则处于主动学习的地位。教师和学生这两条主线的有机结合构成数学实验课的灵魂。

其实，过去数学教学中的测量、手工操作、制作模型、实物或教具演示等形式就是数学实验的形式，只不过是为了帮助学生理解和掌握数学概念、定理，以演示实验、验证结论为主要目的，很少用来进行探索、发现、解决问题。如果能够充分发挥学生的主体作用，将更有利于培养学生的创新精神和发现问题的能力。

---

① 张晗方. Maple 与数学实验[M]. 徐州：中国矿业大学出版社，2013.
② 陈荷盈. 美国中学的实验教学的初步研究[D]. 福建师范大学，2008.

要上好一节数学实验课,大量细致的准备工作是必须做好的。精心准备是保证实验课教学效果的前提。实验教学与理论教学是不同的,它要求教师不仅要掌握相关的理论知识,而且还要掌握实验中的一些技术问题,这就要求教师花更多的时间和精力来准备实验,包括:确定实验目标、明确实验主题、选择实验环境、预设实验过程、设计实验报告、预测实验结果。

一、如何确定实验目标

确定实验目标,即确定本节实验课要解决的问题对象。以苏教版的高中数学课程为例,可做数学实验的内容很多,如函数图像,数据拟合,概率问题等。选择什么内容进行实验研究也是困扰老师的一个问题,我想下面几个问题是我们选定实验目标前要重点思考的:有没有代表性? 通过实验课教学后能给学生带来什么? 是不是必须用实验课来上此内容?

二、如何明确实验主题

实验主题是指实验的主要内容。具体是通过学生的操作、实验或试验,使学生从原有的知识中自然"生长"出新的知识,这一知识的生长过程是一种主动的探索过程,不仅使新知识找到了牢固的附着点,而且使认知结构在探索中得到发展。事实上,数学实验体现出了数学知识感性的一面,并把数学学习从感性推向理性,让学生真切地体验如何"做数学",如何实现数学知识的"再发现",并从中感受数学的力量。正如波利亚所指出的那样,"学习任何东西,最好的途径是自己去发现"。作为教师,要根据学生的认知发展规律,创设利于学生发现的数学实验情境,帮助他们为理解知识而获得足够的亲身体验和感性认识。

在高中数学中,方程 $x^2 = 2^x$ 的解有几个?这道题经常出现。很多学生会想当然的答成 2 个,即使答对也是拼凑出来的。普通的作图很难看出三解,为此同学之间经常争得面红耳赤。于是有同学就提出用几何画板试试看。在此基础上我让他们乘胜追击,研究 $x^a = a^x$ 的解的个数问题,学生很兴奋,争先恐后地使用几何画板探索。还有同学自己作出函数 $y = a^x$, $y = \log_a x (a > 0, a \neq 1)$ 的图像,研究起方程 $a^x = \log_a x (a > 0, a \neq 1)$ 解的情况来了。通过实验研究,学生们解决了困扰,探索了未知的领域,发现了平时看不到的问题，总结出了规律。这就是我们数学实验的主题。

三、如何选择实验环境

实验环境，是指学生在实验时的硬件和软件环境。必备的计算机设备，相应的数学软件构成师生共同实验的环境。由于数学对象与方法具有的高度抽象性的特征，抽象程度高、直观性不强的数学知识，借助实物是无法开展数学实验的，换言之，缺少信息技术支撑的数学实验是很难进入中学数学课堂的。我们所需要的信息技术不仅能提供便于学生发现数学的"动态交互"的实验资源，更要能易于交到学生自己手中，只有这样才能发挥信息技术的最大功能和学生的主动性、创造性。

学校内一般都拥有独立的计算机房，电教室，或者配有多台电脑的选修教室，这是数学实验的硬件设施环境。方便的广播教学软件，功能强大的又各有特色的数学软件是高中数学实验的软件平台环境。

针对实验目的和实验主题，教师可以灵活处理。如我在上圆锥曲线新授课的实验课时，就是让学生在计算机房，每人一台电脑，通过广播教学和各自在自己电脑上用几何画板软件环境下进行实验操作。在进行数据拟合实验时就是分成 3 人一组，合作利用一台电脑在 EXCEL 软件环境下进行实验，都取得了不错的效果。所以，选择哪一种实验环境，归根结底由方便解决实验主题来决定。

四、如何预设实验过程

对于实验过程，是指学生在不同的平台上进行操作，演示，验证的过程。通过学生的操作、实验或试验，使学生进入主动探索状态，变被动的接受为主动的建构过程，使学生在各种情境中进行实验学习、建构学习、发现学习，为转变学生的数学学习方式提供了良好的环境。"探索是数学的生命线"，创设利于学生探索的实验情境，固然离不开教师的智慧，但更需要教师的理念创新。开展数学实验离不开数学教师对数学软件的二次开发，只有认真研究探求现代信息技术在数学领域的应用规律和教育理论的指导，才能充分发挥其优势，更好地完成教学任务。

现在数学软件很多，功能很强大。但是如果能用比较简单方便的软件通过巧妙地设计程序（或操作流程）也能达到实验目的那就再好不过了。所以老师选择什么样的数学软件作为实验平台,就要考虑这款软件在试验操作过程中会出现的种种情况。学生能不能顺利操作? 会出现哪些错误操作? 如何解决或有效引导学生顺利进行实验? 这些是我们在预设实验过程中必须考虑的问题。

五、如何设计实验报告

一节有别于普通数学课的数学实验课,设计实验报告是必须的。但是由于实验课本身就是个新事物,既有的数学实验课案例很少,能够提供实验报告的就更少了。

实验报告直接体现了学生上机操作的情况,是对实验过程进行必要的引导和帮助的指导手册,同时还要负责对实验进行概括和总结。本人在参考高中物理,化学实验报告的同时,学习了我国台湾地区的中学数学实验报告经验基础上给出自己的高中数学实验报告范式。具体内容如下:

数学实验报告

班级:_____ 学号:_____

姓名:_____ 实验日期:_____

实验课题:_____

一、实验目的:

二、类比知识点:

三、实验环境:

四、实验过程:

五、实验总结:

其中实验目的要求与实验主题保持一致。类比知识点是与本实验内容相关的学生既有的知识准备。实验过程要求学生根据上机操作中的真实体会如实填写,实验总结要明确实验任务完成情况及是否达到了实验要求,对于实验过程中遇到的问题及解决情况要有分析说明,实验后的收获和感想、建议和要求,要敞开思想、各抒己见。

对于学生做完实验后所产生的实验现象,实验结论,实验数据等产物,教师要及时启发、引导学生归纳总结,一方面了解学生对本堂课的接受情况,另一方面培养学生的归纳总结能力,使知识系统化,条理化。

　　实验教学流程的基本思路应该是:从问题情境(实际问题或数学问题)出发,学生在教师的指导下,设计研究步骤,在计算机(器)上进行探索性实验,发现规律、提出猜想、进行证明或验证。根据这一思想,我们把高中数学实验课教学流程分为以下五个环节(如图)。这五个环节各有内容,环环相扣,被学生和老师这两条主线始终贯穿着。学生是知识的探索者,学习的主导者,团队的合作者;教师是实验的指导者,课堂的指挥者,实验结果的评判者。

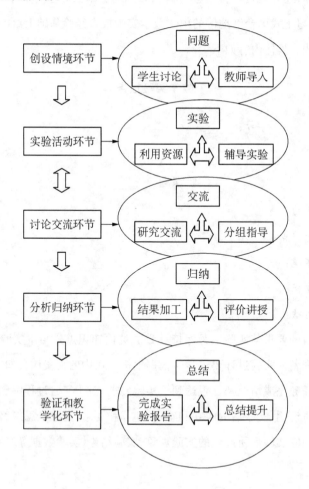

　　下面来详细解释这五个环节。

　　(一)创设情境环节。创设问题情境是数学实验教学过程的前提和条件,其目的是为学生创设思维场景,激发学生的学习兴趣。英国实用主义教育家、哲学家斯宾塞在《什么是最有价值的知识》一文中明确提出:"科学起源于人生的需要,无论个人或全种族,其所取的途径必由具体以达抽象……所以,每门科学必须以纯粹经验为之先导;等到观察积累了丰富的材料后,推理才能开始。"①

　　问题情境的创设要精心设计,要有助于唤起学生的积极思维。数学教学中,创设合适的问题情境,应注意以下几个方面:(1)合理运用文字与动画组合。问题情境呈现清晰、准确,这是最基本的要求。(2)具有可操作性,便于学生观察、思考,从问题情境中发现规律,提出猜想,进行探索、研究。(3)有一定的探索性问题的难度要适中,能产生悬念,有利于激发学生去思考。(4)简明扼要。创设情境不宜过多,过于展开,用时也不要太长,以免冲淡主题,甚至画蛇添足。

　　(二)实验活动环节。这是这种教学模式的主体部分和核心环节。教师根据具体情况组织适当的活动和实验;数学活动形式可根据具体情况而定,最好是以 2—4 人为一组的小组形式进行,也可以是个人探索,或全班进行。这里教师的主导作用仍然是必要的,教师给学生提出实验要求,学生按照教师的要求,在计算机(器)上完成相应的实验,搜集、整理研究问题的相关数据,进行分析、研究,对实验的结果作出清楚的描述。这一环节对创设情境和提出猜想两个环节起承上启下的作用。

　　著名的数学家、数学教育家 G·波利亚总结出了数学学习过程的三条原则,其中第一条是"主动学习",认为"学习过程是积极的……自己头脑不活动起来,是很难学到什么东西的"。② 学习通过"做数学"来学习数学,在教师的指导下,通过观察、实验去获得感性认识,有利于学生以一个研究者的姿态,在"实验空间"中观察现象,发现问题,解决问题,进而培养学生的想象力、解决实际问题的能力及严谨的科学态度和数学情感。

---

① 胡毅,王承绪译.《斯宾塞教育论著选》[M].北京:人民教育出版社,1997.
② G·波利亚著,刘景麟,曹之江,邹清莲译. 数学的发现(第二卷).[M].北京:科学出版社,1987.

（三）讨论交流环节。这是开展数学实验必不可少的环节，也是培养合作精神、进行数学交流的重要环节。让学生积极主动地参与到数学实验活动中去，对知识的掌握，思维能力的发展，学业成绩的提高以及学习兴趣。态度、意志品质都具有积极的意义。在学生积极参与小组或全班的数学交流和讨论的过程中，通过发言、提问和总结等多种机会培养学生数学思维的条理性，鼓励学生把自己的数学思维活动进行整理，明确表达出来。这是培养学生逻辑思维能力和语言表达能力的一个重要途径。

数学交流是现代数学教学中的一个新课题，把实验与交流结合起来凸显了数学知识的形成过程，提倡学生使用计算机（器）可以为学生学习数学提供便捷的实验环节，并且学生使用计算机（器）做数学实验的过程也是一条很好的数学交流途径。

（四）分析归纳环节。归纳环节与实验活动、讨论交流环节密不可分，常常相互交融在一起，有时甚至是先提出猜想，再通过实验验证。提出猜想是数学实验过程中的重要环节，分析归纳则是实验的升华阶段；根据实验观察到的现象进行数据分析，寻找规律，通过合情推理、直觉猜想，得到结论是数学实验的教学目标实现程度的体现，是实验能否成功的关键环节。

G·波利亚曾经这样高度评价过猜想的作用：仅仅把数学视为一门论证科学的看法是偏颇的，论证推理（即证明）只是数学家的创造性工作成果，而要得到这个成果则必须通过猜想。猜想是一种灵感，要产生灵感，除了必须具有一定的数学修养外，还应该对面临的问题有比较深刻的理解。①

（五）验证与数学化环节。提出猜想得出结论，并不代表实验结束，还需要验证，通常有实验法、演绎法和反例法。

提出猜想是科学发现的一个重要步骤，目前开展研究性学习，培养学生的创新意识，开发学生的创新潜能，需要猜想。但数学不能仅靠猜想来行事，验证猜想是科学精神、思想以及方法不可或缺的关键程序，是对数学实验成功与否的"鉴定"。教师有必要引导学生证明猜想或举反例否定猜想，让学生明白，数学中只有经过理论证明而得

———————————
① 曹一鸣.数学实验教学模式探究[J].课程·教材·教法,2003(1).

出的结论才是可信的。

8.3.2　实施有效的数学实验课教学

一、有效实验课教学的特征

怎样才算是一节有效的高中数学实验课呢？我们认为可以从三个方面来衡量。第一，有没有以实验为载体，展示数学的探索发现过程，使学生亲历这个过程，从中发现数学、体验数学、理解数学、运用数学，既获得数学知识，又养成探索能力、非逻辑思维能力。第二，能不能体现活动化、操作化特征，重视学生在数学实验活动中的主体地位，使学生处于积极自主地动脑动手、探索验证、讨论交流实践活动中。第三，是否体现返璞归真的现代数学教育理念。注意构建这样一种问题情境，使学生在其中能够自由地探索，在操作、观察、讨论、交流、归纳、猜想、分析和整理的过程中，理解数学问题的提出、数学概念的形成、数学结论的获得与验证，以及数学知识的应用，通过情境的变换去发现问题、探索规律、验证结论。

进行数学实验，就应充分体现数学实验的价值。一节好的数学实验课能够推动数学学习。具体一点讲，可以归纳为四个"有助于"。

其一，有助于增进对数学的理解。数学实验应为抽象的数学思维提供直观的思维背景，使静态的数学结构表现为时空的动态过程，使抽象的内容直观化、具体化，为学生进行数学论证提供感性的、直觉的材料，使学生乐意并有更多的精力投入到现实的探索性的数学活动中去，把更多的时间花在实质性的数学思考上，帮助学生更好地理解数学过程、数学本质，便于学生理解和掌握数学的概念和方法。

其二，有助于学生体验数学过程，增强创新能力。数学实验的目的是要引导学生进入自己"做数学"、体验数学的境界，亲身体验数学创造与发现的过程。在传统数学课程内容设计中，数学家发现问题、解决问题的思维轨迹往往被掩盖，以致学生学习过程中常常会问，当初的数学家是怎样想到这个问题的？他们是怎样发现证明方法的？数学实验应通过对知识的形成过程和对问题的观察、发现、解决、引申、变化等过程的模拟和实验,让学生在自主探索实践中体验到那条被掩盖了的思维轨迹。

其三,有助于数学学习兴趣的激发。实验过程本身是一个科学研究、探索真理的过程,是学生经历观察、实验、猜测、推理、交流和反思的过程,数学实验应让学生真正从一个旁观者和听众变成一个参与者,真正激发起学生的求知欲与好奇心。

最后,有助于揭示数学概念、定理的形成和发展过程,展示数学问题的解决过程,又要与基本的数学思想、数学方法挂钩,有机地和数学知识教学相互结合、相互促进。在实验中发现、探索数学规律,在理论学习中进一步研究、证明这个规律。引导学生由直观现象去归纳、探索数学知识或通过数学可视化去验证数学结论,经历重新建构数学的过程,达到学好数学和应用数学解决问题的目的。

通过数学实验还应为学生提供获得以下技能和经验的机会:观察、探索、形成顿悟和直觉,作出预测,检验假设,控制变量,模拟。通过数学实验充分体现利用实验手段和归纳方法进行数学教育的思想:从若干实例出发——在计算机上进行实验——发现其中的规律——提出猜想——验证猜想。

二、有效数学实验课教学设计

以下我们将以数学实验的相关理论与特征为指导,以教学设计或课堂案例加旁注(括号给出)的方式,分析实施有效的数学实验教学的基本特征分别在概念课和数学应用课中的体现。

···

案例 4　　椭圆实验课教学案例(概念课)①

1. 教学目标

1.1　知识与技能目标

---

① 程仕然. 椭圆实验课教学案例——新课程背景下高中数学课堂教学模式创新的一点尝试[J]. 考试(高考数学版),2009 - 09 - 10.

通过实验观察和体验椭圆曲线,提炼和验证椭圆定义。探索椭圆性质。

1.2　过程与方法目标

培养学生观察,分析,提炼,解释数学问题的能力,利用计算机进行探究性学习的能力,以及合作,共享,语言表达能力。

1.3　情感、态度、价值观目标

激发学生利用现代信息技术进行探究学习的兴趣;拓展学习空间,共享学习成果;体现数学的研究意识和应用意识;用运动的观点研究问题。

2. 重点难点

2.1　从具体实验现象中抽象出椭圆的定义。

2.2　在实验中观察和归纳椭圆的几何性质。

2.3　在现代信息技术的帮助下实现对椭圆从感性认识到理性分析的飞跃。

3. 教学策略

以现代信息技术为平台,以实验探索为主线,创设情境、确立研究的问题、自主学习。让学生通过计算机进行数学实验,观察、分析、提炼、解释数学问题。历经感性认识到理性分析再到科学研究的目的。

4. 教学准备

电脑教室、多媒体广播教学软件、几何画板软件、数学实验报告(见附录)、圆形滤纸、教学课件

(精心的课前准备是一节好课的开始,简单易行的实验方式,明确有效的实验过程是一节好的数学实验课的保障。)

5. 教学过程

5.1　创设情境,导入新课内容

教师通过广播教学播放教学课件,让学生在各自的电脑上观察课件

中 flash 动画演示的平面截圆锥所得的椭圆图形,欣赏现实生活中椭圆造型的图片。使学生产生对椭圆的强烈求知欲和高涨的学习热情。教师提出问题:生活中,我们离不开椭圆,那你能给我们熟悉的椭圆下个定义吗? 它又有哪些吸引人的美妙几何性质呢?

(问题情境清晰、准确,方便学生观察,所提问题利于激发学生的思考兴趣)

5.2 构建数学实验模型,探究问题

让学生打开各自电脑中的几何画板软件,在教师和事先发下的实验报告的引导下,在计算机上利用几何画板软件进行变双圆交点轨迹实验,感性认识椭圆曲线的形成。观察和体验椭圆的生成过程和变化。通过反复操作,观察,验证,提炼椭圆的定义。完成实验一的实验报告。(在这个过程中教师可以进行巡视,指导操作有困难的学生,允许和鼓励学生进行讨论和交流实验内容和进展。)

5.3 科学验证

在学生完成实验一,并共享完实验结果时,教师播放课件中用圆形滤纸折叠出椭圆的录像片段。让学生拿起手边的圆形滤纸自己动手折叠,观察折叠后得到的图形。折叠过程:如右图所示,先在圆形滤纸上取一点 F(图 1 所示),把滤纸边缘折叠与 F 点重合(图 2 所示)并反复在其他位置重复此操作。提问:所得图形是椭圆吗? 你有办法通过计算机证明吗?

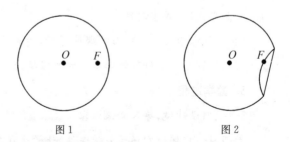

图1   图2

此折纸实验中,每条折痕为圆上动点与定点连线的中垂线,故可利用几何画板构造该模型,只要使圆上的点运动起来,追踪中垂线留下的痕迹即可,这些在几何画板中又是很容易办到的。所以,引导学生把实际问题转化成相应的数学问题并借助几何画板软件建立起相应的数学模型。开始实验二:折纸实验的感性体验和计算机的理性验证。

(上面是本节实验课的主体和核心部分。学生主动学习,通过"做数学"来学习数学,在教师的指导下,通过观察、实验去获得感性认识,有利于学生以一个研究者的姿态,在"实验空间"中观察现象,发现问题,解决问题,进而培养学生的想象力、解决实际问题的能力及严谨的科学态度和数学情感)

5.4　实验总结

在实验结束后,引导学生完成实验报告中的实验总结。提升实验结果,巩固实验成果。让感性体验升华为理性认识。

(在实验的基础上,进行交流总结,凸显了数学知识的形成过程)

5.5　椭圆定义相关题组练习

(1)已知△ABC 中,BC 为两个定点,BC 长为 6,△ABC 的周长为16,那么顶点 A 在怎样的曲线上运动?

(2)已知点 $B(0,-3)$,$C(0,3)$,满足 $AB+AC=6$ 的点 A 在怎样的曲线上运动?

(3)已知点 $B(0,-3)$,$C(0,3)$,满足 $AB+AC=5$ 的点 A 存在吗?

通过题组练习,进一步巩固和拓展实验内容,强化认识,帮助知识内化。

5.6　思考与探究:

把一个球斜投影在一个平面上,得到的阴影是否是椭圆?能否借助几何画板进行验证?如何实施?

(这个问题,旨在让学有余力的同学能有深层次的发展。实验方法教师可单独辅导。提出猜想是科学发现的一个重要步骤,目前开展研究性学习,培养学生的创新意识,开发学生的创新潜能,需要猜想。但数学不能仅靠猜想来行事,验证猜想是科学精神、思想以及方法不可或缺的关键程序,是对数学实验成功与否的"鉴定"。教师有必要引导学生证明猜想或举反例否定猜想,让学生明白,数学中只有经过理论证明而得出的结论才是可信的)

案例5 《均匀随机数的产生与应用》教学设计①(数学应用)

1. 教学过程设计

【问题1】 什么是均匀型随机数? 你能用计算器产生(a, b)内的均匀随机数吗?

意图:使学生获得均匀随机数的概念,并学会用计算器产生(a, b)内的均匀随机数。

师生活动:教师提出问题后让学生阅读教材并思考,启发学生认识在(a, b)内产生均匀随机数必须满足条件:(a, b)内的每一个数都等可能地被取到。让学生在给定a, b的具体值的情况下用计算器进行操作并体会。

【问题2】 假设你家订了一份报纸,送报人可能在早上 6:30—7:30 之间把报纸送到你家,你父亲离开家去上班的时间是 7:00—8:00 之间,问你父亲在离开家前能得到报纸的概率是多少?"

(这是几何模型问题,可以计算出精确值。给出这个问题的目的,是

---

① 郭慧清. 均匀随机数的产生与应用. 教学设计,2012 - 11 - 16. http://www. pep. com. cn/gzsx/jszx_1/jxyj/hxnr/hxnr4/hxnr4sj/201211/t20121116_1144228. htm.

让学生体会随机模拟方法,并明确随机模拟方法的基本步骤)

师生活动:

(1) 教师引导学生用几何概型求出答案的精确值。

(2) 在 TI - nspire CX - C CAS 的表格功能下,用随机模拟方法得出答案的估计值。

(3) 在 TI - nspire CX - C CAS 的程序功能下,用随机模拟方法得出答案的估计值。

(4) 总结用频率估计概率的步骤。

(5) 利用图 1 中的程序可以获取模拟结果。

(图 1)　　　　　　　　　　　(图 2)

【问题 3】 在正方形中随机撒一把豆子,计算落在正方形内切圆中的豆子数与正方形内的豆子数之比,并以此估计圆周率 π 的值。

(使学生体会均匀型随机数应用的广泛性,并在模型建立后,会用算法解决问题)

师生活动:

(1) 让学生用几何概型得出撒一粒豆子落在圆内的概率。

(2) 师生一起用随机模拟方法得出概率的估计值。

(3) 由估计值与所得概率近似相等,得出圆周率 π 的估计值。

(4) 利用图 2 中的程序可以获取模拟结果。

【问题 4】 有 1 个单位的某种会衰减物质,若把它分成 3 份,份额分别是 a, b, c,经过 n 年后,剩余量分别为 a^{n+1}, b^{n+1}, c^{n+1},求 n 年后,这种物质剩余量的下界。

(让学生体会均匀随机数在问题探究中的作用,并体会从一般到特殊的研究方法)

师生活动:(1)探究:$a \geqslant 0$, $b \geqslant 0$, $c \geqslant 0$, $a+b+c=1 \Rightarrow \min(a^2+b^2+c^2)=?$

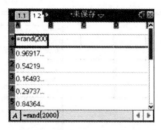 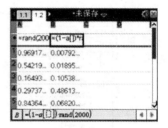

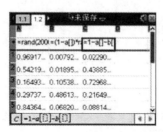 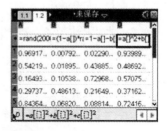

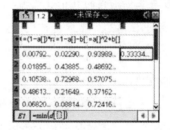

（2）探究：$a \geqslant 0$，$b \geqslant 0$，$c \geqslant 0$，$a + b + c = 1 \Rightarrow \min(a^3 + b^3 + c^3) = ?$

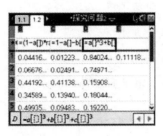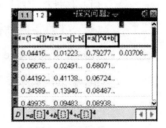

（3）探究：$a \geqslant 0$，$b \geqslant 0$，$c \geqslant 0$，$a + b + c = 1 \Rightarrow \min(a^4 + b^4 + c^4) = ?$

（4）探究：$a \geqslant 0$，$b \geqslant 0$，$c \geqslant 0$，$a + b + c = 1$，$n \in \mathbf{N}^* \Rightarrow \min(a^n + b^n + c^n) = ?$

【问题5】 探究：$a \geqslant 0$，$b \geqslant 0$，$c \geqslant 0$，$a + b + c = 1$，$n \in \mathbf{Z} \Rightarrow \min(a^n + b^n + c^n) = ?$

（推广【问题4】中的结论。）

师生活动：让学生取不同的非正整数 n 进行探究，并归纳猜测答案。

【问题6】 探究：若 $m \in \mathbf{N}^*$，$n \in \mathbf{Z}$，$a_i \geqslant 0$（$i = 1, 2, \cdots, m$），$\sum_{i=1}^{m} a_i = 1$，则 $\min\left(\sum_{i=1}^{m} a_i^n\right) = ?$

（推广【问题5】中的结论，体会实验、观察、归纳、概括、猜想的数学发现过程。）

师生活动：让学生取不同的正整数 m 和不同的整数 n 进行探究，在所得到的结论基础上归纳猜测答案。

【问题7】 探究：若 A, B, C 是 $\triangle ABC$ 的三个内角，则 $\max\left(\sin \dfrac{A}{2} + \sin \dfrac{B}{2} + \sin \dfrac{C}{2}\right) = ?$

（让学生进一步体会实验、观察、归纳、概括、猜想的数学发现过程。）

师生活动：让学生进行探究，在所得到的结论基础上归纳猜测答案。

2. 目标检测设计

（1）教科书 P141，B 组第 4 题。

（让学生巩固随机模拟方法）

（2）研究无理数 e 的估计值。

（让学生体会均匀随机数的作用）

8.4　优秀实验课教学案例

8.4.1　教学案例1

《函数 $f(x) = x + \dfrac{k}{x}$ 的图像和性质探究实验》

执教教师：江苏省黄埭中学　程仕然　（本案例获 2011 年度苏州市优秀教案评选一等奖）

【设计意图】

函数 $f(x) = x + \dfrac{k}{x}$ 在高中课本中多次出现，是一个很重要的函数模型。很多问题均可通过转化，化归到此类函数类型。然而，本人在长期的教学实践中发现：相当一部分学生在解决这类问题时，往往在选择不等式方法还是函数方法上迟疑不定。特别是在最值问题中，当自变量 x 的范围不能满足 $x = \sqrt{k}(k > 0)$ 时，求错最值。究其原因是教师没有把函数 $f(x) = x + \dfrac{k}{x}$ 给学生讲透，学生对这个函数理解不深刻，生搬硬套均值不等式公式。有必要深入研究这个函数。为此，我设计了这一实验内容。

【设计思路】

通过学生在几何画板软件平台上进行实验操作，形象地描绘该函数的图像，通过

对参数 k 进行不同设置,观察和归纳出函数 $f(x)=x+\dfrac{k}{x}$ 的图像规律,在此基础上推广到函数 $f(x)=ax+\dfrac{b}{x}$。这些在传统课上是很难实现的,但是使用几何画板作为实验平台就很容易让学生看到标准的、渐变的、直观的图像,从而自主学习,自主发现问题的本质。

实验课教案

【教学目标】

知识与技能目标

通过实验观察和体验函数 $f(x)=x+\dfrac{k}{x}$ 的图像,探索函数 $f(x)=x+\dfrac{k}{x}$ 的性质。

过程与方法目标

培养学生观察,分析,提炼,解释数学问题的能力,利用计算机进行探究性学习的能力,以及合作,共享,语言表达能力。

情感、态度、价值观目标

激发学生利用现代信息技术进行探究学习的兴趣;拓展学习空间,共享学习成果;体现数学的研究意识和应用意识;用运动的观点研究问题。

【重点难点】

1. 从具体实验现象中归纳出函数 $f(x)=x+\dfrac{k}{x}$ 的图像特征。

2. 在实验中观察和归纳函数 $f(x)=x+\dfrac{k}{x}$ 的几何性质。

3. 在现代信息技术的帮助下实现对函数 $f(x)=x+\dfrac{k}{x}$ 的推广,推广到一般形式 $f(x)=ax+\dfrac{b}{x}$,达到从感性认识到理性分析的飞跃。

【教学策略】

以现代信息技术为平台,以实验探索为主线,创设情境、确立研究的问题、自主学习。让学生通过计算机进行数学实验,观察,分析,提炼,解释数学问题。历经感性认识到理性分析再到科学研究的目的。

【教学准备】

电脑教室、多媒体广播教学软件、几何画板软件、数学实验报告、教学课件

【教学过程】

1. 创设情境,导入新课内容

高中课本在多个地方提到关于函数“$f(x) = x + \dfrac{k}{x}$”的问题。即该函数的图像表示法,函数的单调性及其极值与最值,也就是说,该函数蕴涵极大的教学价值和研究价值:(1) 它是一个正比例函数与一个反比例函数之和通过变量替换而得到的函数;(2) 它是一个奇函数;(3) 用其在$(0, +\infty)$上的单调性可解决函数的一类最值问题,特别是“均值不等式”中等号不能取得时的最值问题;(4) 当$k>0$时其图像为双曲线。在第一象限形状像一个“对号”,又像耐克的商标,所以有些老师称之为“对号函数”或“耐克函数”。今天我们就来研究这个函数。

2. 构建数学实验模型,探究问题

让学生打开各自电脑中的几何画板软件,在教师和事先发下的实验报告的引导下,在计算机上利用几何画板软件进行函数$f(x) = x + \dfrac{k}{x}$图像的建构,感性认识函数$f(x) = x + \dfrac{k}{x}$的形成。观察和体验函数$f(x) = x + \dfrac{k}{x}$图像随着常量k的变化而引起自身的变化过程。通过反复操作,观察,验证,提炼归纳出函数$f(x) = x + \dfrac{k}{x}$的图像特征,完成相应实验报告。(在这个过程中教师可以进行巡视,指导操作有困难的学生,允许和鼓励学生进行讨论和交流实验内容和进展)

3. 科学验证

(1) 分别画出下列函数的大致图像并利用计算机作图验证。

① $f(x) = x + \dfrac{1}{x}$ ② $f(x) = x + \dfrac{4}{x}$

③ $f(x) = x + \dfrac{9}{x}$ ④ $f(x) = x + \dfrac{2}{x}$

⑤ $f(x) = x - \dfrac{1}{x}$

(2) 你能根据上述图像归纳出 $k > 0$ 时其图像的渐近线吗?

4. 实验总结

在实验结束后,引导学生完成实验报告中的实验总结。提升实验结果,巩固实验成果。让感性体验升华为理性认识。

5. 函数 $f(x) = x + \dfrac{k}{x}$ 相关题组练习

(1) 求函数 $y = x + \dfrac{3}{x}$ 的单调区间,并用函数单调性定义证明之。

(2) 求函数 $y = 2x + \dfrac{3}{x}$ 的单调区间,并用函数单调性定义证明之。

(3) 求函数 $y = x - \dfrac{3}{x}$ 的单调区间,并用函数单调性定义证明之。

(4) 求函数 $y = \dfrac{x^2 + 2x + 4}{\sqrt{x^2 + 2x + 3}}$ 的最小值。

(5) 求函数 $y = \sin x + \dfrac{2}{\sin x}$ $(x \neq k\pi,\ k \in \mathbf{Z})$ 的单调区间,并求当 $x \in (0, \pi)$ 时函数的最小值。

(通过题组练习,进一步巩固和拓展实验内容,强化认识,帮助知识内化)

6. 思考与探究

自己设计实验研究函数 $f(x) = ax + \dfrac{b}{x}$ 的图像和性质。归纳出此类问题的一般解决法。

7. 附函数 $f(x)=x+\dfrac{k}{x}$ 实验报告

数学实验报告

班级:_____　　　　　　　　　　学号:_____

姓名:_____　　　　　　　　　　日期:_____

实验课题:函数 $f(x)=x+\dfrac{k}{x}$ 的图像和性质研究

【实验目的】:

观察和体验函数 $f(x)=x+\dfrac{k}{x}$ 的图像,探索函数 $f(x)=x+\dfrac{k}{x}$ 的性质。

类比知识点:

函数 $f(x)=\dfrac{k}{x}$,当 $k>0$ 时,图像在第_____象限,单调性为_____,渐近线为_____,随着 k 的增大,图像_____变化;当 $k<0$ 时,图像在第_____象限,单调性为_____,渐近线为_____,随着 k 的增大,图像_____变化。

【实验环境】:　　　　几何画板

【实验过程】:

1. 开启几何画板。

2. 建立直角坐标系。

3. 用 ╱ 工具作一线段,用 **A** 工具标记该线段为线段 AB(保证 A 在负半轴,B 在正半轴),用 · 工具在线段 AB 上取一点并用 **A** 工具标记为 K。用 ↖ 工具选择 K 点,度量出 K 点的横坐标,修改 $x_K=-3.55$ 为 k 的值 $=-3.55$。

4. 用 · 在 x 轴上选取点 C,度量出该点的横坐标,仿照步骤2修改为自变量 x 的值 $=2.51$。

5. 用 ↖ 工具选择自变量 x 的值 $=2.51$ 进行计算自变量 x 的值 $+\dfrac{k\,\text{的值}}{\text{自变量 } x \text{ 的值}}=$

1.10,同时选取自变量 x 的值 $=2.51$ 和自变量 x 的值 $+\dfrac{k\text{的值}}{\text{自变量}x\text{的值}}=1.10$ 进行绘制坐标点 D。

6. 选取该点 D 和点 C 进行轨迹构造。

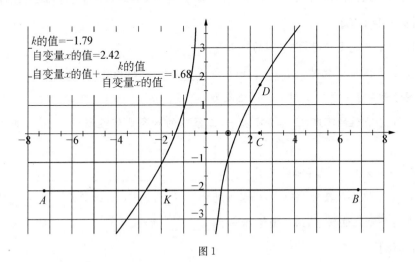

图 1

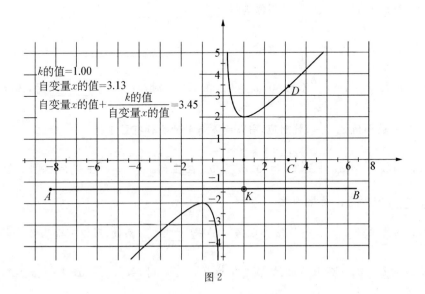

图 2

7. 在线段 AB 上多次往复拖动 K 点，观察图像形状的变化，如图一和图二。

8. 在保证 k 的值为正的前提下，拖动 K 点，观察 k 的值与图像的变化之间的联系。

9. 拖动 K 点，使 $P_k = 1，2，4，9$ 等值，观察图像的极值点变化情况。

10. 拖动 K 点，由 A 到 B，重复步骤 7 的操作，观察 k 值的正负对所得轨迹图像的影响。

【观察和发现】

1. 不断改变 k 值时，观察到的现象是：_____。

2. 当 k 值为正数时_____，图像在_____象限内先_____后_____。函数图像都关于_____对称。极值点为_____。

3. 随着 k 值的不断减小，分布在一、三象限的两条曲线逐渐_____，曲线开口变_____。

4. 当 k 为 0 时，两条曲线变为_____。

5. 当 k 值为负数时，若 $x > 0$，函数为_____，$x < 0$ 时函数为_____（填增减性）。在整个变化过程中，函数图像都关于_____对称。

【总结】

1. 函数 $f(x) = x + \dfrac{k}{x}$ 的图像满足_____。

2. 函数 $f(x) = x + \dfrac{k}{x}$ 的性质_____。

3. 函数 $y = ax + \dfrac{b}{x}(a > 0，b > 0)$，在 $x > 0$ 时，当 $x =$_____时，函数 $y = ax + \dfrac{b}{x}$ 有最小值 $2\sqrt{\dfrac{b}{a}}$，特别地，当 $a = b = 1$ 时函数有最小值_____。

4. 函数 $y = ax + \dfrac{b}{x}(a > 0，b > 0)$ 在区间_____上是减函数，在区间 $(\underline{\hspace{2cm}}，+\infty)$ 上是增函数。

5. 因为函数 $y = ax + \dfrac{b}{x}(a > 0，b > 0)$ 是_____函数，所以可得函数 $y = ax + \dfrac{b}{x}(a > 0，b > 0，x \in \mathbf{R}^-)$ 的性质：当 $x =$_____时，函数 $y = ax + \dfrac{b}{x}(a > 0，b >$

$0，x \in \mathbf{R}^-$）有最大值_____，特别地，当 $a = b = 1$ 时函数有最大值_____。函数 $y = ax + \dfrac{b}{x}(a > 0，b > 0)$ 在区间 $(-\infty，_____)$ 上是增函数，在区间 $(_____，0)$ 上是减函数。

8.4.2　教学案例2

《椭圆实验课教学案例》

执教教师：江苏省黄埭中学　程仕然　〔发表于《考试（高考数学版）》 2009 - 09 - 10〕

【设计意图】

圆锥曲线是高中数学中非常重要的一块内容，也是数形结合用的比较多的一个地方。大多数老师在讲解的时候是随手画的"椭圆"，或者还是用传统的固定两点用绳子来画椭圆，费力而又不够准确。难以解释椭圆、双曲线、抛物线这三种曲线之间的联系。能否有所创新，让这三个内容成为一个整体。所以产生用实验课的形式来让学生体验知识产生的过程。通过创设椭圆的数学实验情境，让学生在信息技术的平台上自主探索与合作交流。使他们有充分的时间和空间去实践，去动手操作，去观察分析，实现对椭圆从感性认识到理性分析的飞跃。从而达到亲身经历数学再创造的过程，体验数学规律的生成和发现的过程的目的。

【设计思路】

通过变双圆运动产生交点轨迹来画椭圆，让学生进行拖动，观察，总结规律，进而自己总结出椭圆定义，发现椭圆性质。进行椭圆包络实验，通过计算机科学验证。为双曲线，抛物线的学习作铺垫。

【教学目标】

知识与技能目标

通过实验观察和体验椭圆曲线，提炼和验证椭圆定义。探索椭圆性质。

过程与方法目标

培养学生观察,分析,提炼,解释数学问题的能力,利用计算机进行探究性学习的能力,以及合作,共享,语言表达能力。

情感、态度、价值观目标

激发学生利用现代信息技术进行探究学习的兴趣;拓展学习空间,共享学习成果;体现数学的研究意识和应用意识;用运动的观点研究问题。

【重点难点】

1. 从具体实验现象中抽象出椭圆的定义。

2. 在实验中观察和归纳椭圆的几何性质。

3. 在现代信息技术的帮助下实现对椭圆从感性认识到理性分析的飞跃。

【教学策略】

以现代信息技术为平台,以实验探索为主线,创设情境、确立研究的问题、自主学习。让学生通过计算机进行数学实验,观察,分析,提炼,解释数学问题。历经感性认识到理性分析再到科学研究的目的。

【教学准备】

电脑教室、多媒体广播教学软件、几何画板软件、数学实验报告(见附录)、圆形滤纸、教学课件

【教学过程】

1. 创设情境,导入新课内容

教师通过广播教学播放教学课件,让学生在各自的电脑上观察课件中 flash 动画演示的平面截圆锥所得的椭圆图形,欣赏现实生活中椭圆造型的图片。使学生产生对椭圆的强烈求知欲和高涨的学习热情。教师提出问题:生活中,我们离不开椭圆,那你能给我们熟悉的椭圆下个定义吗? 它又有哪些吸引人的美妙几何性质呢?

2. 构建数学实验模型,探究问题

让学生打开各自电脑中的几何画板软件,在教师和事先发下的实验报告的引导下,在计算机上利用几何画板软件进行变双圆交点轨迹实验,感性认识椭圆曲线的形

成。观察和体验椭圆的生成过程和变化。通过反复操作,观察,验证,提炼椭圆的定义。完成实验一的实验报告。(在这个过程中教师可以进行巡视,指导操作有困难的学生,允许和鼓励学生进行讨论和交流实验内容和进展。)

3. 科学验证

在学生完成实验一,并共享完实验结果时,教师播放课件中用圆形滤纸折叠出椭圆的录像片段。让学生拿起手边的圆形滤纸自己动手折叠,观察折叠后得到的图形。折叠过程:如下图所示,先在圆形滤纸上取一点 F(图 1 所示),把滤纸边缘折叠与 F 点重合(图 2 所示)并反复在其他位置重复此操作。提问:所得图形是椭圆吗? 你有办法通过计算机证明吗?

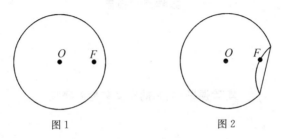

图1　　　　　　　　　图2

此折纸实验中,每条折痕为圆上动点与定点连线的中垂线,故可利用几何画板构造该模型,只要使圆上的点运动起来,追踪中垂线留下的痕迹即可,这些在几何画板中又是很容易办到的。所以,引导学生把实际问题转化成相应的数学问题并借助几何画板软件建立起相应的数学模型。开始实验二:折纸实验的感性体验和计算机的理性验证。

4. 实验总结

在实验结束后,引导学生完成实验报告中的实验总结。提升实验结果,巩固实验成果。让感性体验升华为理性认识。

5. 椭圆定义相关题组练习

(1)已知△ABC中,BC为两个定点,BC长为6,△ABC的周长为16,那么顶点A在怎样的曲线上运动?

(2) 已知点 $B(0, -3)$，$C(0, 3)$，满足 $AB + AC = 6$ 的点 A 在怎样的曲线上运动？

(3) 已知点 $B(0, -3)$，$C(0, 3)$，满足 $AB + AC = 5$ 的点 A 存在吗？

通过题组练习，进一步巩固和拓展实验内容，强化认识，帮助知识内化。

6. 思考与探究

把一个球斜投影在一个平面上，得到的阴影是否是椭圆？能否借助几何画板进行验证？如何实施？（这个问题，旨在让学有余力的同学能有深层次的发展。实验方法教师可单独辅导。）

7. 附椭圆数学实验报告

数学实验报告

班级：_____   学号：_____

姓名：_____   日期：_____

实验课题：椭圆的定义和性质研究

【实验目的】

研究椭圆的定义和性质。

【类比知识点】

(1) 圆的文字描述性定义：动点到定点的距离等于定长的点的轨迹。

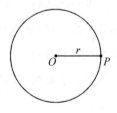

(2) 圆的数学符号表示：$PO = r$（O 为圆心，P 为圆上动点，r 为圆的半径）。

【实验环境】几何画板

【实验过程】

(1) 实验一：变双圆交点轨迹探索一：

(2) 开启几何画板。

(3) 用 ✎ 工具作一线段，用 **A** 工具标记该线段为线段 AB，用 · 工具在线段

AB 上取一点并用 $\boxed{\textbf{A}}$ 工具标记为 C。用 $\boxed{\text{↖}}$ 工具选择 A 点和 C 点,构造线段 AC,设置颜色为绿色,同法构造线段 CB 并设置颜色为红色(如图)。

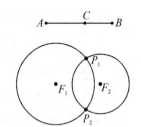

(4) 用 $\boxed{\,\cdot\,}$ 工具在空白处构造两个点并分别标记为 F_1 和 F_2(使 F_1F_2 的距离小于 AB 的距离)。用 $\boxed{\text{↖}}$ 工具选择 F_1 点和线段 AC 构造圆 F_1,同法选择点 F_2 和线段 BC 构造圆 F_2。

(5) 选取两圆并构造交点并标记为 P_1,P_2。选择点 P_1 和 P_2,在"显示"中设置"追踪交点"。观察所得图像的几何性质。

(6) 在线段 AB 上多次往复拖动 C 点,观察 P_1,P_2 点的轨迹变化。(如图)。

(7) 在"显示"中设置"擦除轨迹"。

(8) 拖动 F_2 点使 F_1F_2 距离变长或变短(保持两圆相交),重复步骤 5 的操作,观察所得轨迹图像与步骤 5 中所得图像的变化。

(9) 在"显示"中设置"擦除轨迹"。

(10) 拖动 B 点,使 AB 的距离变长或变短(保持两圆相交),重复步骤 5 的操作,观察所得轨迹图像与步骤 5 中所得图像的变化。

(11) 重复步骤 7 和步骤 9,使 F_1F_2 的距离等于 AB 的距离,观察图像的变化。使 F_1F_2 的距离大于 AB 的距离,观察图像的变化。

【观察和发现】

1. 步骤 5 中,拖动 C 点观察 P_1 与 P_2 点轨迹图形为_____,这个图形上每一个点的共同特征是_____。

2. 步骤 7 中,拖动 F_2,当 F_1F_2 距离愈大时,所得轨迹形状愈_____,距离愈小时,所得轨迹形状愈_____。

3. 步骤 9 中,拖动 B 点,当 AB 距离愈大时,所得轨迹形状愈_____,距离愈小时,所得轨迹形状愈_____。

4. 步骤 10 中发现,只有当 AB 和 F_1F_2 满足_____关系时,才会出现椭圆轨迹。

5. (1) 仿照圆的描述性定义对所得到的轨迹图形下一个描述性定义:_____

_____。

(2) 若令 $AB = 2a$,则所得轨迹图形上的任意点 P 满足的一个关系式为:

_____。

实验二 折纸实验的感性体验和计算机的理性验证

1. 留心观察老师的演示实验,跟着老师做折纸试验。

2. 思考:折纸得到的图形是椭圆吗? 若用几何画板进行验证的话,又该如何操作?

实验设计思路:折纸实验中,每条折痕为圆上动点与定点连线的中垂线,故可利用几何画板构造该模型,只要使圆上的点运动起来,追踪中垂线留下的痕迹即可,这些在几何画板中又是很容易办到的。

3. 打开几何画板课件:折纸探究。

(1) "显示"——〉"擦除痕迹";

(2) 点击 运动点N ;

(3) 观察直线 PM 留下的痕迹。

【观察发现】

由于_____的原因,所留痕迹为椭圆。

【总结】

1. 椭圆的描述性定义:_____。

2. 椭圆上的任意一点所满足的关系式:_____。

3. 从你的研究发现可以得出如下结论:

(1) 椭圆的 $2a$ 确定时,焦距 F_1F_2 越_____,椭圆形状越_____;

(2) 椭圆的焦距 F_1F_2 确定时,$2a$ 越_____,椭圆形状越_____。

4. 通过作图和观察发现：

（1）椭圆在对称性方面具有_____对称和_____对称；

（2）椭圆是_____曲线。（填"不封闭"或"封闭"）

第九章

数学评课的反思与重构

数学评课就是数学课堂教学进行价值判断的过程,其意义在于:有利于全面推进素质教育、有利于提高数学教师与学生的素质,有利于更新教育观念,提高数学教学效率,有利于数学教师形成教学风格。无论是学校组织,还是自觉参与,教师大多听过课、评过课。从某种意义上说,评课既是教师互帮互学、实现专业发展的平台,也是促进学生有效学习的途径,还是提升教学质量的抓手。在新课程改革的背景下,教师评课担当着转变教学观念、更新教学行为的职能。不过,数学评课要想发挥其应有的功能,则需要有一种专业化和一体化的视角、话语与评价。

9.1 传统数学评课的反思

传统的数学评课存在着任务驱动、重教轻学、缺乏数据等许多问题,一些地方长期以来更多地把它当作一种对教师的单项考核、一种要完成的任务,有时甚至成了教师的"难关"。我觉得主要根源在于数学评课的"去专业化"。也就是说,我们还没有深刻认识到数学评课本应是数学教师专业生活与专业成长的重要组成部分,是数学教师专业学习的重要途径,单纯的考核性质使一些评课丧失了其本真的专业价值。

9.1.1 去专业化的数学评课

所谓"专业化"的评课是指基于教育教学理论,全面透视课堂教学,以便充分地发挥出数学评课提升教师的教学水平、有效地促进学生学习的职能。从专业的视角考察当下的数学评课则会发现诸多去专业化的倾向。

一、任务驱动的数学评课

任务驱动的数学评课以完成规定的数学评课任务为旨趣,即为评课而评课,把数学评课当作任务来做,而遗忘了数学评课促进教师发展和学生成长的内在价值,其具体表现有二。一是迫于学校或上级教育部门的评课指标,教师以"例行公事"的心态对待数学评课,常常"来也匆匆、去也匆匆"地往返于教室之间,用以完成规定的数学评课次数,有些教师甚至用抄袭别人的"听课笔记"来应付数学评课。二是为上公开课的教师评课。此时的评课主要是帮助上公开课的教师出主意、想办法与谋策略,周密、翔实地设计公开课的教学诸环节,以便使上公开课的教师课上得"出彩",至少能够顺利"过关",让观摩者(大多是领导)满意。在"集思广益"、多次试教与反复磨课下,有时公开课上拟提问的问题也分派、指定给不同的学生,使本来充满活力、魅力与未知的数学课堂教学蜕变为师生按既定的剧本忠实执行、演出的程序操作,最终形成了"老师骗学生,学生骗老师,师生合作骗观摩者"的"造假、作秀课"。

二、重教轻学的数学评课

重教轻学的数学评课以看教师表演得怎么样为旨趣,即重视教师的"教",忽视学生的"学",把数学评课仅仅当作对数学教师的讲课评价。一堂好课的标准,不仅要看教师"教"的怎样,还要看学生"学"的怎样,而且要从学生如何学这个基点来看教师怎样教。重教轻学的数学评课,其弊端有三:一是助长教师的表演欲,搞脱离学生实际的教学;二是弱化学生的求知欲,搞偏离教材内容的教学;三是忽视问题的驱动性,搞背离学生发展的教学。

好的数学教学应该从学生的生活经验和已有的数学背景出发,提供给学生充分进行学习、交流与创新的机会,切实把学生看作学习的主人,教师看作思想的助产师,让思想在学生自己的头脑产生出来。

三、缺失数据的数学评课

缺失数据的数学评课是以对数学课的非量化、非显现的内隐感受为旨趣。这样的评课不便于剖析课堂教学之成功原因与不足之处,不便于制定有针对性的课堂改造策略,不便于促进学与教质量的整体提升。在大多数数学教研活动中,评判一节数学课的好坏,多是专家审美型的评课——教师的环节设计是否层层递进,提出的问题是否有效,环节设置与本节活动的目标是否契合等等。而学生在这个课堂中的体验,大部分时间是被完全忽略的,即使获得了关注,也往往是"被代表"的——听课者会根据自己的经验来假设学生的体验,而学生真正的体验如何,却没有强大的技术与数据源可提供分析与实证。而这种技术的缺失造成了我们对课堂的改造一直是"金鸡奖"(专家奖)的一言堂,却难听到"百花奖"(观众奖)的真正呼声。

大数据的到来,恰恰正是能从技术层面让评课者的感受得以量化与显现。学生在一个课堂中的需求与态度,经由大数据的处理变得可视,这也提供了教研活动以更为鲜活的素材——倾听学生成为了可能,教师有了了解学生的途径与方法,从学生的需求出发改变教学行为成为了可能。

让数据驱动数学评课,让数据驱动重构课堂时空,是专业化视角下的数学评课趋势。为什么一堂数学课是 45 分钟? 为什么数学课导入的时间是 5—8 分钟? 为什么一早上要安排四节课? 为什么休息时间是 10 分钟? 为什么课程表上的课程是这样排序的? 为什么班级里的人数有的只有 20 个人? 有的却有 45 人? 为什么要有同桌? 为什么我们要坐在固定的位置上? 为什么课堂练习的错误率会低于回家作业? 为什么我要 7:45 分就到学校? 为什么要晨读? 为什么……许多现象,之所以呈现出现在这样的解决方案,是由于考虑到集体教学的便利,或是考虑到学校管理的可行性。但究竟有多少约定俗成的做法,我们是从学生的角度出发思考的呢?

其实我们只要手持专业的观察 App,使用便携式的全息微格设备(此设备再现物体真实三维图像的记录,不仅可以产生立体的空中幻像,还可以使幻像与表演者产生互动,同时能够对微型数据结构进行处理和加工),定义 2—3 组行为特征变量,组织 3—5 个训练有素的专业观察人员与记录人员,走进十来个抽样的课堂,进行总计几十小时的观察,就能完成一个经过精心设计的课堂实验,以上的某一个问题就可以得到较为科学的解答。教师教与学生学的需求通过数据来表达之后,课堂中时间与空间的变革,甚至包括教师行为的改变,都找到了依据,进而为形成高效课堂提供了相关数据。

9.1.2 去一体化的数学评课

一体化是指将两个或两个以上的互不相同、互不协调的事项,采取适当的方式、方法或措施,将其有机地融合为一个整体,形成协同效力,以实现组织策划目标的一项措施。所谓"一体化的评课",其实质是将两个或两个以上的互不相同、互不协调的评课事项,采取适当的方式、方法或措施,将其有机地融合为一个整体,形成协同效力,以实现评课目标的一项措施。去一体化的评课,主要表现为:

一、评课者与被评者不属同一共同体的评课

评课者与被评者要以提高教学质量并促进教师专业发展为目标整合成一个评课共同体,充分发挥共同体的组织协调和引导作用。当下的数学评课存在评课者与被评者未形成统一的评课共同体的问题,其具体表现有以下几方面。其一,评课关注点的单一。在有些教师看来,评课的目的就是帮助上课教师认识课堂教学,帮助他们改进课堂教学,促进其专业发展。于是,评课者的目光都聚焦在上课教师身上,主要观察上课教师的言谈举止,如教学目标的引入呈现、教学内容的组织安排、教学方法的选择运用等,而至于学生学得怎样、学到了什么则很少有人过问,人为地制造了原本统一的教与学的分离。其二,自我的隐退。在把目光聚焦到上课教师身上的同时,有些教师抱着事不关己的心态,缺乏反观内省的工夫,把自我与上课教师分离开来,这样不仅会造成"乌鸦落在猪身上,只看到别人黑"的遮蔽,而且即使是对上课教师非常欣赏、仰慕,这种自我隐退的评课学到的也只能是别人课堂教学之"浅表",而难以学到别人课堂教学之"精髓",其借鉴与运用往往也只是"复制"、"粘贴"别人的课堂教学,从而丧失了评课对自身成长完善、自己个性化教学风格形成的教育价值。

二、评课者的身体与灵魂非一体化的评课

本来,评课是一种很好的情境学习和案例研究,但评课教师身体与灵魂非一体化的评课只是走过场而已,致使评课的教学相长价值丧失殆尽,出现形式主义的评课现象,其具体表现主要有以下几点。其一,评课前无问题准备。一般而言,评课要明确

"评什么"、"怎样评"等问题,但无准备的评课却只带着两个耳朵进课堂,有时连上课内容都不知,也不想知,更不谈评课前做些必要的准备了。其二,评课过程中无标题导引。在苏霍姆林斯基看来,评课应着重回答下列评课的标志性问题:教师的课有没有明确的目的,目的是否到达? 为了什么以及如何检查学生的知识? 是否在教给学生学习? 在学习新教材过程中学生的脑力劳动如何? 知识是否得到发展和深化? 是否让全体学生都掌握了牢固的知识? 教师如何布置家庭作业? 而无思式的听评课多数是记录执教教师的板书,大多是对教学内容、知识点的流水账式的记录,至于上述问题则不在其关注的范围。其三,课后无主题讨论。听课后之评课是改进教学工作、促进教师发展的有效手段,但评课时,有些教师常常是只谈优点不谈问题,通常是"你好,我好,大家都好",而很少涉及教学所存在的主要问题,即使是偶尔涉及问题,也是转弯抹角、轻描淡写、言不由衷。这产生的结果是评了与没有评一个样,既不知道这堂课好在哪里,也不知道哪里有待完善。

三、评课阶段或环节之间缺失联系的评课

评课应在一定教学理论指导下开展对课堂教学中的问题进行诊断观察并给出其实质和改进意见。但当下的一些数学评课往往出现具有一体化的各"阶段"(课前计划、课中观察和课后讨论)之间联系的缺失。比如对专题教学内容的理解和处理,由于缺乏课前深度研究(查阅数学史料和相关文献关于某专题内容的高观点分析),观课的角度和评课的建议,都显力度不够,且得不到上课教师的认可,更不能提高对课堂教学内容的处理水平。相反如果将评课各个阶段一体化,就很容易实现评课目标。比如,关于什么是教育上合理的提问? 通过研究发现,能引发学生思维,又让学生不可能照搬课本上的答案的提问就是教育上合理的提问。比如,提问:"过不在同一直线上的三点可以画几个圆?"(对这个问题,学生可以毫不困难地说出唯一答案:"一个。")这不是一个教育上合理的提问。但如果提问:"过三个点可以画几个圆?",学生在课本上找不到现成答案,他必须自己对三个点的可能位置关系加以研究和组合,考虑"三个点在一条直线上"和"三个点不在同一直线上"的情况,并分别对每一种情况作出结论,因为后一提问的信息量(灵活性)处于最适当的程度,所以它是教育合理上的提问。通过一体化的评课,评课共同体就可以举一反三,迁移到自身的教学与研究中。

9.1.3 去差异化的数学评课

评课中的视角差异是允许的,但当下的数学评课还存在去差异化的现象,所有的评课按照统一的模板甚至统一的语言去评课。

每一节课,都是教师素养的全面反映,同时也为我们了解课堂教学提供了立体的信息。按照韩罗羡仪的研究(Law,2001),评课存在丰富的类型。按照听课目的来划分,可以区分出九种之多,包括:出于训练目的的示范课、视导课;出于监控目的的交流课、随机听课;出于评价目的的评价课、新手教师汇报课、选拔专家型教师的课;出于研究目的的实验课、公开课等。可以说,正是课例所包含的丰富信息,使得课例能够承担如此众多的职能。在我们看来,一节课至少包含三个不同层面的信息:

其一,教学能力。一节课反映了教师教学组织、课堂管理等方面的能力,是教师在较长时间里的发展成果。一位成熟教师,可以很从容地实现各种教学设计;而一位新手教师,则很容易被各种课堂细节所牵绊,许多好的教学设计不敢试用。表现为,成熟教师的课往往有更大的弹性,而新手教师的课往往显得比较局促。现代教师评价的一派基本假设是,好的教学行为是可以识别的,是稳定的,并且在不同条件下都可以对学生产生相类似的效果(Andrews & Barnes,1990)。基于这样的假设,评课者在对教师的教学能力进行评价时,往往就通过执教教师的一些可观察的外显行为,对其教学能力的高下进行推测。

其二,教学设计。借用古德莱德(Goodlad,1979)的区分,由理想课程、文件课程向理解课程、执行课程的转换过程,存在许多内容上的替换和损耗。这个过程,包含了由教科书到教师理解、诠释、设计、安排的转换,亦即教师对课程的感知和加工。需要注意的是,这些加工主要是教学设计环节要完成的主要工作。在进行教学设计时,教师会参酌学生现状等内外部因素,对师生活动进行安排。这样,评课者在对教师的教学设计进行评价时,往往更关注师生行为安排的合理性,例如教师对学生状况的判断是否适当、某种具体教学行为的实现是否有针对性、有效果等。

其三,学科加工。与其母学科相比,一节课要处理的知识点,总是对应于某些主题、服务于某些目标。教师在教学设计过程中,试图恢复教学内容与其母学科之间的联系。这就是学科加工。善于做学科加工的教师,在思考教学问题时,始终具有独到的学科眼光。每一节课的教学,都有较为明确的学科定位。届时,一节课的目标设计将不再是基于猜测或者灵机一动,而是有坚实的意义背景了。可以看到,进行学科加工的教师考察的不仅是单个知识点,而是努力寻找该知识点与学科知识之间更广泛的意义联系。如果说教科书的编制过程,是由学科知识向教科书知识的转换。那么,学科加工过程,就是回头去寻找这些转换线索。

每节课都包含上述三个层面的信息。一节优秀课往往是三个方面都做得比较好,并且还会在其中的某一个方面给人特别深刻、良好的印象。这使得我们通常所称道的好课,也可能是在不同的方面表现优异。例如,有的教师能很妥当、机智地处理好课堂突发事件,有的教师善于为学生学习新知搭建阶梯,有的教师对每节课的学科定位特别清晰等等。一节优秀课可以这么分析,一节有待改进的课,也可以应用这三个层面的概念来分析。

对上述三个层面的分析要依据课的不同而有评课视角的侧重、视点的差异和结论的迥异。但实际操作过程中往往出现千人一面的评语现象。拿好课的标准评语去解读课堂:教学思想端正、教学目标明确、教学内容恰当、教学结构严谨、教学语言规范、教学方法灵活、教态亲切自然、教学手段先进、教学效果良好。有针对性的数学教学内容的处理情况、体现任课教师特色的教法特点、学生在课上的学习热情和智力参与度等评价不准确。

9.2　现代数学评课的构建

评课是对课的价值进行判断的过程,对数学评课的构建要体现专业化、一体化和差异化的特点。比如,数学评课应从如下几个方面来进行:(1)教学目标如何(预设与生成);(2)与学生已有知识经验结合得怎样(紧密与松散);(3)对数学本质的认识如何(深刻与肤浅);(4)提问设计如何(启发与注入);(5)课题引入怎么样(形式与本质)。

9.2.1 专业化视角下的评课

为充分发挥评课的功能,实现评课的教育价值,教师评课急需专业化。这种专业化的评课在牢记提升教师教学水平和促进学生有效学习的基础上,课前准备要具有问题意识,课中观察要具有标题意识,课后反思要具有主题意识。

一、评课者要具有问题意识

评课前的准备要具有问题意识,即要有明确的问题,要用一种研究的心态对待评课。评课前要做充分的准备,既要熟悉执教教师所讲内容,也要明确自己为什么听评课,还要掌握必要的听评课技术,比如观察量表、评课的逻辑框架等。在听评课前,教师要对听课内容进行研究,把握精髓;在听课中,教师要使用相应的观察量表作出翔实的记录,并随时写下自己的疑问或困惑;听课后,将观察记录、疑问或困惑反馈给执教教师,并与其讨论和交流。具有问题意识的数学评课也意味着要加强教育教学理论和学科教学理论及学科内容本质的学习。在课程改革的背景下,原先那种"好"的课堂教学日益显得不合时宜,而"什么是一堂好课"又是难以说清楚、见仁见智的问题。这就要追问一个前提性问题——课堂教学的评价观,而课堂教学评价观至少涉及两个问题:"一是怎样认识课堂,这涉及对课堂教学在学校教育中的价值、功能的认识……二是持怎样的评价观,这涉及为什么要评价,评价的性质、谁来评价、评价的双方及双方的关系、评价什么、如何来评价等一系列跟评价直接相关的问题。"1979年7月,顾泠沅基于当时的教学实际与认识水平,提出上好一节课的要素为:突出重点、新旧联系、精选范例、揭示原理、启发思维、严格练习、系统归纳等七项。[①] 叶澜提出一堂好课要达到

———————————

① 顾泠沅.教学实验论[M].北京:教育科学出版社,1994:14.

的基本要求:有意义、有效率、有生成性、常态性、有待完善的课。① 可以说,评课者的教育教学理论素养有多高,其所提问题的水平和评课的品质就有多高,其教育教学理论功底有多深,其对执教教师的教学、学生的学习的把握与洞察就有多深。倘若没有必要的教育教学理论的储备与学科素养的提升,其评课就会出现去专业化、去一体化和去差异化。带着问题进课堂,以研究的心态看课堂,还意味着"心"到,即不仅看、听与问,而且想、思与省,能够由人及己,在向外探求教学之真的同时,能够向内反观自身,从自己的内心深处检视自我,追求教学之美善,将求真向善创美有机结合。这种"心"进的评课,无论是听评一堂有缺憾的课,还是聆听一堂仰慕的课,都能在缺憾中找到真实与亮点,在仰慕中把握其精髓,不迷失自我;这种"心"进的听评课既能正确地对待他者课堂教学中的缺憾,也能在学习他人之长中探寻自己的教学风格,真正地实现听评课的教育价值。为此,评课者既要有批判的眼光又要有宽容的心态,通过评课促进教师专业成长。

二、评课者要具有标题意识

评课者在评课时要具有标题意识,在掌握课堂数据的基础上,梳理出几个评点和线索,确定合适的标题。对于评点标题的要求,概括起来有三点:一要明确。要能够揭示评课内容范围或主要观点,使人听了标题便知晓评课内容的大体轮廓、所论述的主要内容以及评课者的评课意图,而不能似是而非,藏头露尾。二要简练。评课的评点标题不宜过长,过长了容易使人产生烦琐和累赘的感觉,得不到鲜明的印象,从而影响对评课的总体评价。标题也不能过于抽象、空洞,标题中不能采用非常用的或生造的词汇,以免使听者一听标题就如堕烟海,百思不得其解,待听完全部评点后才知标题的哗众取宠之意。三要新颖。标题和评课的内容、形式一样,应有自己的独特之处。做到既不标新立异,又不落窠臼,使之引人入胜,赏心悦目,从而激起参与评课的同仁们的听凭兴趣。

比如,就评课思维方式的转变,可以确定如下三个标题:一要把头脑变复杂,二要

---

① 叶澜.什么样的课算好课[J].校长阅刊,2006(12).

把头脑变宽容,三要把头脑变专业。然后围绕每个标题细述自己的观点和证据,并指出评课思维方式的转变对一线的数学评课非常重要。再如,关于评课框架有人将其概括为"LICC"模式,其中"LICC"就是对"学生的学、教师的教、课程性质和课堂文化"四个标题的英文首字母的概括。其具体评课标题中的关键词可以列举如下:

维度	视角	观察点举例
学生	准备、倾听、互动、自学、达成	如"自学"中的学生自主支配时间有多少? 有多少人参与? 学难生的参与情况?
教师	环节、活动、手段、机智、特色	如"环节"中的"这些环节切合教学目标吗? 效果怎么样?"
课程	目标、内容、方法、资源、练习	如"目标"中的"预设的课时目标在课堂中遇到了怎样的生成问题?"
文化	愉悦、自主、合作、探究、特质	如"特质"中的整堂课你最大的感受是什么? 用怎样一个词可以概括?

案例1　基于课堂文化的感受:潇洒—激情—和谐—智慧

在一次骨干教师培训的跟岗学习研修时,作者带领一组学员对4位数学教师的课堂教学进行听评课,他们的课题分别是"圆的方程(1)"、"集合的运算"、"函数的概念"、"圆的方程(2)",前两节课是跟岗学校的任课教师所上的公开课,后两节课是跟岗学员展示的公开课。在认真备课和实施后,作者对四位教师课堂教学的整体感受分别用四个标题来概括各自的特点,那就是:第一位教师的特点是"潇洒"、第二位教师的特点是"激情"、第三位教师的特点是"和谐"、第四位教师的特点是"智慧"。并简要给出阐释,在其他学员谈了各自的评点后,有一位教师还把作者提出的这4个标题串起来,形成了我们对数学课堂教学的理想追求。

三、评课者要具有主题意识

课堂教学一般都有一个课题,围绕这个课题把这节课的精髓教给学生,而每节课的精髓就是所说的主题意识,这是学生离开学校后受益终身的东西,这种主题的提炼和概括基于对课堂教学主题及相关事项的全面反思与批判。日常的听评课之所以深陷去专业化的泥沼之中而不能自拔,其根本原因在于"无思",既无问题意识也无标题和主题意识,而把今天的教学当作昨日的重复,没有反思与批判的主题意识。正如美国学者布鲁克菲德(Brookfield, S. D.)所言:"如果不进行批判和反思,我们生活在当今也无异于生活在过去的牢笼里。如果不进行批判和反思,就会总是认为事情的对与错、是与非应当按专家说的算。于是,我们就永远只能从别人那里明白做任何事的意义,任何时候的教学都是在实现别人的思想。"可以说,无反思的数学评课除了完成他人指定的任务外,就难以发现值得研究的问题、值得借鉴的经验与值得汲取的教训,就难以与听评课教师、执教教师的发展对接、关联在一起,从而丧失了教师发展的宝贵资源。苏格拉底曾说过:没有反思的生活是不值得过的生活。而教师的听评课要想摆脱无思的困局,真正实现听评课的教育价值,则需要"凡是引起你的注意的,甚至引起你一些模糊的猜想的每一个事实,你都把它记入记事簿里"。数学评课者要努力把握、透析教师授课的优点和缺点,分析执教教师与学生互动中的问题;且将自己置身于上课教师的教学情境中去思考,设想如果自己来上这堂课,那么会怎么上? 这样的听评课不仅让自己"浸入"特定的教学情境,摆脱了事不关己的心态,把听评别人的课转化为对自己教学的观照,促使自己对教育教学的理解;而且能够把自己的教学记忆与理解融入听评课之中,能够有效地规避评课的"假、大、空、费"之弊病,使自己的评课之言说富有真情实感,融入自己真实感受;进而使听课之后的评课成为一种心平气和的教学分析,而不是一种情绪化的"捧杀"或"棒杀",使教学评议在分享彼此的思考、经验和观点、情感时变成一种心心相印的倾诉和激励。这种听评课使教学评议不再纠缠于上课教师的优缺点,或者作一些无关痛痒的评价,而成为基于教学问题解决的研讨,使听评课成为教师共同学习、携手发展的平台。

案例 2　主题设计提炼：知识生长点与变中求不变

作者指导一位数学教师执教"勾股定理"和"图形的旋转"两节内容后，分别提炼出两个主题。前者的主题设计提炼为"把原有认知作为新知的生长点"；后者的主题设计提炼为"在变中寻找不变的东西是人类永恒的追求"。

9.2.2　多元互补的评课

不论评课者关注哪种视角，这些评论都具有共同的服务目的：都与教师相关、都期望通过评课对教师有所帮助。上述评课过程中评课者的视角差异，以及相应的具体观点上的区别甚至冲突，除了被理解为差异和冲突，还可以基于其共同的服务目标来理解。基于这种概念上的重新建构，视角差异所带来的意见区别甚至冲突，只是反映了不同角度的教学改进努力。更恰当的说法是，不同视角的努力居于教学设计的不同阶段，并没有性质上的不同，具有目的一致性。例如，学科加工可能居于教学设计之前。按照舒曼(Shulman, 1987)的经典表达，教学包含不同的知识基础。因此，具备目的一致性的视角差异，反映了不同教学知识基础在指导教学决策时出现的差异甚至冲突。因此，具备目的一致性的、源于知识基础差异的视角差异现象，就需要一种更加积极的使用方式。

在教研过程中，我们将评课过程中出现的视角差异以及相对应的观点分歧，视为一种教师反思的契机。这些差异和分歧，更有利于教师对教育中的一些关键领域保持"觉醒"。格林有关教师的"觉醒"状态的理论告诉我们，教师与自己的教育场地保持"距离"十分必要。不同评课者在不同评论焦点上的不同建议，正好为执教教师深入思考教学问题提供了机会。将视角差异及其相对应的观点分歧，转换成一种更为积极的现象。基于这种新的建构，评课中的观点分歧越多，教师的知识基础得到检验和反思的机会越多,对教师成长的助力也越大。

9.2.3 走向课例研究的数学评课框架①

课例研究(Lesson Study),作为一种专业发展的方法,它源起于日本"(Catherine Lewis,1993)。后来美国和加拿大的许多教师对这一方法尤感兴趣并付诸实践,现在已发展出专门的研究组织和汇集学术信息的研究网站。关于课例研究,国外已做了不少具体的工作,如过程、步骤、案例、忠告等,并指出其目的不单是为了改进某一节课,更重要的是为了构建一个改进教学的方法体系,促进教师更加有效地教学。但国外的课例研究不足之处在于缺乏或尚未明确概括出具有统摄作用的核心思想,尽管提出了"课例研究要在原理指导下进行"的主张。我们通过行动研究和案例分析认为,作者之一提出的"教与学对应"与"教与数学对应"的二重原理可以作为贯穿课例研究过程始终的一根主线。本研究就是基于这一想法对我国实际课堂教学的研究和国外课例研究的合理部分进行整合,尝试构建具有中国特色的课例研究框架。

一、从评课走向课例研究——认识上的变化

在我国,评课是一件非常普遍的事情,每天都有很多领导、专家、教研员等在评价教师的课。从概念上讲,评课是听课者对执教教师的课从理论和实践结合上进行客观的评价,指出其成功之处和不足之处及其原因,并进行恰如其分的分析。评课有不同的价值和目的,大致包括管理、反馈、沟通、科研、导向、鉴定和激励等。根据不同的评课价值和目的,我们把评课活动分为如下 3 种:一种是督导检查型的(如官方领导例行的听课检查),一种是研讨诊断型的(如开展教学研究的观课评课建课),再一种是评判鉴定型的(如各种评优赛的评课)。督导检查型的评课旨在管理、反馈和沟通。研讨诊断型的评课旨在科研和导向。评判鉴定型的评课旨在鉴定和激励。从这 3 种评课类型中脱颖而出的是研讨诊断型的评课,这种评课进一步提升到科学研究的高度就可以

① 黄晓学,涂荣豹.数学研课框架之思考[J].数学教育学报,2005(5).

与国际数学教育中的课例研究接轨。

我们认为,所谓课例研究,就是主体根据自己的经历、感受、需要和掌握的理念选取自己擅长的角度对课进行研究。参与研究者既可以研究自己的问题,也可以研究别人的问题,用科学方法研究别人的问题旨在建立普遍原理,用科学方法研究自己的问题旨在即时地应用和实际问题的解决。后者"其本质是在学生的学与使学生的学得以发生的教师的教中教师的深度智力参与",无论在理论上有多大发展,都属于行动研究的范畴。参与课例研究的教师在课例研究中以特殊方式谈论学科内容、聚焦于学生可持续发展目标、参与一个开放的思想与材料交流、以反思的态度对待教与学、对谈话与讨论做记录。由于课例研究是以可供研究的课(Study Lesson)为基础,以改进教学、提高对教学的认识和改善教学发生的情境为目标的研究过程,所以课例研究中的课一定是要被选择、观察、录像和讨论的课。课例研究的重要性不仅在于其具有诸如计划、观察和再思考这些可视的特点,而且在于课例研究是把研究同改进教学密切联系起来的根本途径。通过课例研究,教师不仅能深化学科内容知识、建构强有力的教学知识,而且能提高观察学生的能力、预见学生思维、强化每日实践与长远目标的联系、增强教学动机与效能感、改善课堂计划的质量。

二、对数学课例研究框架的整体性概括

数学课例研究框架就是从事数学课例研究的基本程序结构,这个程序结构的建立旨在将对"研什么"和"怎么研"两个基本问题的思考联系起来,形成一个有机整体。由于数学课例研究是对数学这一学科领域的课堂教学的研究,其每一步都提供了观察数学学习者和建构改善数学教学的策略的机会,所以数学课例研究的每一步都要以"教与学对应"与"教与数学对应"的二重原理作为研究的方法论。二重原理的实质在于数学教学的"教"应建立在对数学教学的"学"的观察基础上建构数学对象的本质。根据这一精神,我们对数学课例研究的如下几个步骤进行结构性分析:设置课例研究目标——听课前的分析与计划——听课中的教学与观察——听课后的讨论与修改——反思报告。

1. 设置课例研究目标

数学课例研究是目标驱动的研究,这个目标就是我们选择的贯穿课例研究过程始终的研究问题,如"怎样使学生成为独立的问题解决者"、"怎样使学生具有学习的热情"。确立贯穿课例研究始终的长远目标后,还要选择确立具体内容的功课目标,如"如何发现双曲线的性质"、"如何发现函数的单调性"。接下来要研究这两个目标之间有何关系、探索解决办法。从发生认识论的角度看,我们认为研究课堂教学目标更应关注如下 4 个目标水平是否同时发生:(1)功课目标。这是相对于数学课的具体目标,如发现双曲线的性质。(2)单元目标。这是相对于该课所在单元的具体目标,如理解怎样将双曲线的性质同椭圆、抛物线性质联系起来。(3)学科目标。这是数学课要达到的学科方面的目标,如积极运用先前的已有知识解决新的数学问题、进行批判性思维、独立思考、用证据证实自己的主张。(4)长期目标。这是学生发展方面的可持续发展目标,如主动学习的态度、学习的热情、学会学习、发展认识力、乐于同他人合作等。这 4 个水平的目标在一节课中要同时发生,只关注低水平目标而忽视高水平目标的一节课将是下次教学时需要补充完善的。同时,目标驱动着观课时收集数据的倾向。如,选择"培养学生批判性思维"作为课例研究的核心目标,在课堂上当学生进行批判性思维时教师应给予鼓励,如果教师未做到这一点,讨论时应予以指出。

2. 课前的分析与计划

课例研究目标一旦选定,在短时间内只能选择有限个课供研究者分析和讨论。因此,对供研究的课要提前进行筛选和分析。为了便于研究,这里提供 5 个选课标准。其一,这个课对要探讨的课例研究目标是适当的;其二,这个课对学生的学习能提供鉴定性的内容标准;其三,教材中教师难教或学生厌学的内容;其四,相对于学生是新概念的导入课;其五,运用新学概念的实践课。一年来,根据这些标准,我们选择了如下课题的课堂教学案例:函数的单调性、双曲线的性质、弧度制、曲线与方程、指数函数、对数、研究性学习等。在选好课后要对其进行分析,关键的一点是根据"教与数学对应"的原理,务必分出数学内容最主要、最本质的东西。然后,每个参与研究的教师都要在听课前根据"教与学对应"的原理给出自己的关于该课题的教学计划,这个计划可以是包含如下 4 个栏目一个图表:上课步骤、预计的学生应答、教师处理学生应答的方式、确定每一步成功的评估方法。

3. 课中的教学与观察

在教学计划结束后,由一名教师在课堂上实施自己所定计划而其他教师则一起观课收集数据、捕捉师生活动中好的或不足的典型教例并作扼要评注。观课的关键是把这种活动看作数据收集的机会,有了这个机会就能回答课的策划者和整个课例研究小组感兴趣的问题。观察一节课,课的前5—8分钟非常重要。这段时间主要观察教师是否引发了学生学习的动机,是否解决了"怎么想到要研究的课题"的问题,是否采取了易于学习者理解并适于学习者能力的方式来进行。接着要观察教师是否逐步深入地引导学生思考所学的对象"是什么"、"怎么表示"、"有什么性质"等基本认识问题。我们也同样建议使用多种观察方法并在了解它们各自优势的基础上尽可能多地收集信息。在观察教师行动的同时,要观察学生的学习情况,包括学生的相关背景、知识水平和思维表现等。最后,课堂录像是对课堂发生的事件的永久记录,对课例研究有积极作用。有了教学录像,离开课堂现场后我们可以把它带回去反复观看,以便准确采集课堂信息。但教学录像因其固有的局限性(不能同时多视角地记录学生活动、黑板或师生的相互作用),不能作为实际课堂观察的充分替代物,课例研究小组主要靠深入课内现场观察采集数据。

4. 课后的讨论与修改

小组成员(包括上课教师、观课教师和组长)聚在一起讨论在课堂中的观察并思考他们各自采集到的信息。讨论的基本议程是:课题组组长略述讨论议程、简短介绍课例研究主要目标,然后上课教师谈在课上实际发生的事情(如:做了什么,没做什么,什么需要改变),接下来是小组其他成员从各自角度对这节课进行分析。讨论的过程涉及修改或建议,重要的是要讨论目标、教学法、教学过程和教学效果。如目标是否完成,下次上这节课时,哪些地方需要改变、为什么要改变、有何理论依据,本节课有何借鉴意义,效果如何等。为了克服课例研究工作固有的局限性,使课例研究人员具有不同的专业层次,还可以邀请组外其他专家参与讨论,如我们曾经邀请南京市教研室的同志参与课例研究。如果需要,可以将修改后的课(本着从批判走向建设的精神重新构建的课)由另一位教师在另外的班级再一次进行教学,其他人再观察,然后再集体讨论与修改。

5. 反思报告

在这一过程的最后,课例研究小组通过写出反思性的综合报告记录此次课例研究工作,并在定期召开的课例研究报告会上传播与交流,旨在作为服务于未来课例研究活动的资料工具。综合报告的形式可以是叙述性的文本、也可以是简明的要点或图表,以其他阅读报告的人能清楚明白为标准。另外,在报告的内容中可以包括上课计划的复制品,你也可以提供上课时使用的印刷品和操作性的材料,观察记录,学生活动的范例等。比较成熟的课例研究报告还可以以科研论文的形式发表。

三、对数学课例研究框架的典型性概括

在数学课例研究过程中,为了概括课例研究的典型经验,我们从听课后的讨论与修改角度对数学课例研究框架进行典型性概括。

1. 数学课堂教学目标——预设与生成

预设目标是在教学过程之前或教学情境之外预先制定的教学目标。根据不同标准可以有不同目标分类。(1)根据目标的显性程度,课堂目标可以分为:显性目标(如基础知识、基本技能、基本方法)和隐性目标(求知的欲望和认识的发展)。(2)根据多元智力理论,当前数学课堂教学目标可以分为:对全体学生的要求——掌握基础知识、基本技能和对知识的直接运用:对多数学生的要求——具备基本的数学素养和一般的数学能力;对少数学生的要求——深刻理解、灵活应用、较强的探索能力。(3)根据教育的可持续发展性,课堂目标可分为:使学生充满对学习的热情、使学生学会学习、发展学生的认识力。(4)根据学科特点,课堂目标可分为:功课、单元、学科、长远目标。此外,还可以根据布卢姆提出的标准分类。这些目标都是预设的,能否实现关键看实际发生的生成性目标。生成性目标是学生在课堂活动中不断生成出来的不可预期的教学目标(如过程性体验、创造性活动经验等),这种不可预期的目标增加的程度往往标志着教育成功的程度。

2. 数学教学过程——启发与探究

教学的发生有 3 个逻辑必要条件:(1)它们必须与引起学习的意图相联系;(2)它

们必须说明或展示学习的内容;(3)它们必须用易于学习者理解并适于学习者能力的方式来进行。因此,数学教学过程的展开应从能引发学生学习意愿的一种兴趣、一种困难或一种"不明"情况开始,尽可能通过抽象概念的具体例子启迪学生发现真理,而不是径直告诉学生待掌握的理论。正如卢梭所言:"问题不在于告诉他一个真理,而在于教他怎样去发现真理。"这就是说,有效的数学教学应是教师启发与学生探究相统一的过程。启发的时机是学生处于"愤与悱"的心理状态,启发的目标是"举一反三",启发的原则是"道而弗牵,强而弗抑,开而弗达"。顺便指出,孔子的启发法不同于苏格拉底的产婆法,前者的学生处于主动地位(学生主动思考到"愤"与"悱"的状态),后者的学生处于被动地位(学生被教师的一系列问题所牵)。从某种意义上说,探究学习是启发式教学的基本教学模式,其教学过程可以分为如下 3 个阶段:教学发动阶段(创设富有启发性的情境),学习保持阶段(学生主动积极地参与(情感和智力)),正确导向阶段(教师适时适度的引导、朝着获益的方向)。此外,课例研究实践还表明,蕴涵在数学课堂教学过程中的如下教学策略值得深入分析:(1)选择性策略。一堂数学课涉及教学模式、方法、方式、手段的选择与组合,如哪些东西该讲? 哪些东西该问、哪些东西该讨论? 何时使用媒体? 课件的应用情况? 这些结构性的东西要从教学目的出发通盘考虑,优化组合。(2)应对性策略。应对性策略是着眼于学生应答的处理策略,《学记》中的"善待问者"为我们讨论教师是否善于应对提供评判标准,"善待问者如撞钟,叩之以小者则小鸣,叩之以大者则大鸣"(《学记》)。佛家的应对思想对我们也颇有启发。佛平常教化众生,遇到弟子发问时,斟酌选取下列 4 种方式来回答:某些问题必须直截了当地答复,某些问题须以分析的方法解答,另一些问题须以反问为解答,最后一类问题须予以搁置(暂时不予解答,因为对方目前尚不能了解这种道理,说了反而会增加他的疑惑或迷惘),佛学让众生转迷成悟。(3)关联性策略。这里的关联性包含 3 层意义:其一指教学过程的全程关联性即大过程与小过程之间的关联性(环节转换是否自然),其二指教学各个阶段创设的教学情境与教学目标的关联性(情境创设的有效性),其三指所学内容和数学中的其他内容的关联性(因为数学是一个有机整体)。

3. 数学内容的教学法——形式与本质

"教学的艺术是使学生喜欢你所教的东西。"(卢梭)行动研究表明,学生最喜欢的东西就是教师所讲的一段内容(教材、教学参考书等)最主要、最本质的东西,这符合"教与数学对应"原理。数学对象的本质特征,从发生学角度看,即指数学对象是如何来的,数学对象的根源、数学对象的原始基质在哪里(如"怎么想到要研究这个问题"的本原性的思想和前后知识之间脉络关系的派生性的思想)。因此,教师在对数学文本进行教学法加工时务必分出数学内容中最主要的、最本质的东西。教学设计时"淡化形式,注重实质",揭示火热的思考过程,将数学的学术形态转变为教育形态。否则,教师有可能会抓住知识的表面大做文章,费时不讨好。

案例3　淡化形式　注重实质

有的教师讲完"指数函数"概念后,又花了 5 分钟时间让学生讨论 $y=2\cdot3^x$, $y=\dfrac{1}{2^x}$, $y=3^{2x+1}$ 等是否为指数函数,这是"淡化实质注重形式"的做法。实际上,指数函数的本质特征有3个方面:其一指数函数是从具体例子抽象概括出来的一类函数;其二指数为变量、底数为常数;其三底数不能取一切实数,即底数为非1的正数。至于 $y=2\cdot3^x$, $y=\dfrac{1}{2^x}$, $y=3^{2x+1}$ 等是否为指数函数不是实质问题,不值得花时间,即使花了时间,学生依然不清楚,对教师的说明很迷惑、学生不能顺利进入主要问题的讨论。

其实,指数函数的定义是形式定义,有的函数表面的形式上不是指数函数,但实质上可以转化为指数函数来处理。

4. 数学教学效果——认识和意向与元认知

我们怎样评判一堂数学课的效果呢？能以教师的博才善讲为标准吗？能以学生的活跃程度为标准吗？客观的、正确的标准只能是学生的求知欲得到多大程度的满足，教师的讲授能够把多少数学知识转化为数学能力。此外，教学效果的优劣还与课堂中的组织管理水平有关。事实上，数学课包含 3 种活动：认识活动、意向活动和元认知活动。对数学课堂教学效果的研究也必然要对课堂中的这 3 种活动的效果进行研究。一是教学认识的发生程度，即教学中学生的认识是否真的发生，学生一旦把学会的知识都忘掉，还能保留下来多少东西，是否通过知识的探究将学习转化为思维的力量（使人、使己获得更多的力量），是否蕴涵了创造性活动经验的获得，正确数学价值观的形成。二是学习意向的激活程度，即学生的求知欲与认识兴趣得到激发的程度。数学教师讲解教材、布置作业以及平日所做的全部工作具有多大意义，要看学生在多大程度上愿意、期待、想做这项工作。三是教师对学生元认知能力的培养水平，即向学生自我调节的转换程度。我们非常赞同弗利德曼曾引用的里伊麦茨的一个观点，即"有成效的学习和今后参加劳动和社会活动，在不小的程度上依赖于自我调节的能力"。行动研究也表明经常学习和提炼元认知提示语能增强学生自我调节能力。